Die Geschichte eines Arminen –
Elf Gründe, warum es sich heute (nicht) zu leben lohnt

Für meine Mutter
1934-2022

CHRISTIAN SCHROEDER

Die Geschichte eines Arminen –

Elf Gründe, warum es sich heute (nicht) zu leben lohnt

Bibliographische Information der Deutschen Bibliothek:
Die Deutsche Nationalbibliothek verzeichnet diese Publikation in
der Deutschen Nationalbibliographie; detaillierte bibliographische
Daten sind im Internet über dnb.dnb.de abrufbar.

© 2023 Christian Schroeder
Satz, Umschlaggestaltung, Herstellung und Verlag:
BoD – Books on Demand, Norderstedt

ISBN 978-3-7578-1725-1

Inhalt

Vorwort von Ingolf Lück

In deinen Verein wirst du reingeboren – und da wirst du auch wieder rausgestorben. Is' so!

Diese schlichte Wahrheit wird in den Geschichtsbüchern des Vereins immer gern meiner Wenigkeit zugeschrieben, in Wirklichkeit aber stammt sie von einem ehemaligen Stieghorster Tresennachbarn just nach dem 1:11 gegen den BVB ... den Namen des Kollegen hab ich verdrängt ... das Spiel nicht, denn es gehört zur Geschichte meines Vereins.

Ich bin eben nicht in München-Schwabing, der Anfield Road oder im Barri Gòtic in Barcelona zur Welt gekommen, sondern ich komm von Sieker-Mitte wech. Malermeister und Torwartlegende Gerd Siese wohnte bei uns vis à vis ... weiße Bescheid.

Die Arminia stand quasi bei mir Pate, und Hilde Knef sang an meiner blauen Wiege »Von nun an ging's bergab« Aber sowas von bergab und sowas von bergauf! Meine Fresse!

Nirgends liegen (für mich) Freud und Leid-zu-Tode-betrübt und himmelhochjauchzend so gnadenlos kuschelig beieinander wie in den zwei mal 45 Minuten plus Nachspielzeit. Ich habe Steuerberater fürchterlichste Flüche krakelen und zwei Meter große Maurer-Poliere schluchzend nach Mama wimmern hören ... vor Glück!

Das Herzchen puckert eben da, wo du mit dem Oppa bei Regen auf der Stehtribüne gefroren hast, da wo ich meine erste – und natürlich beste – Stadionwurst gegessen habe, da habe ich mein erstes richtiges Herforder getrunken und zum ersten Mal einen Mann geküsst ... gleich zweimal!

Das war am 12. März 1997 in den Minuten 11 und 29, nachdem Stefan Kuntz mit einem Doppelpack den Bayern die Lederhosen ausgezogen hat.

Ich kann mir keine Zahlen, Daten, Ergebnisse merken, aber ich habe hunderttausend Bilder im Kopf: Der 1:0 Endstand vom kleinen Uli Braun zu Hause gegen die Bayern, da war ich zwölf, die »Sportschau-Bilder« (Nachrichtenbilder) von Ewald Lienen in Bremen verletzt auf dem Rasen, da bezog ich meine Studentenbude in Berlin, die schreckliche Stille, wie ich mit den 26.514 Fans und nach der Relegation gegen die Lilien aus Darmstadt über die Stapenhorst zogen … und die Aufstiege! Hammer! Da hab ich mir auf der Alm immer ein klitzekleines Stück Rasen mit nach Hause genommen.

Ich lebe seit 35 Jahren mit meiner Familie in der EfffCeee-Stadt Köln, spreche mittlerweile sogar die Sprache recht flüssig, und ja, ich gestehe, ich kenne viele Bayern-Spieler persönlich; einfach, weil man die so oft im Fernseh'n trifft, und alle haben auch immer ein nettes Wort für mich:

»Bielefeld gibt Kilometergeld« (Paule Breitner)

Aber einen Zweitverein? Niemals!

Denn wenn unser Stefan Ortega die Pille unten aus dem linken Eck fischt und Fabi Kloß nach einer Hartel-Flanke an allen vorbei das Ding am zweiten Pfosten in die Maschen drischt, dann ist das besser als Sex!

(Diese aktuellen Namen können wir natürlich auch gern durch Namen aus der Traditionself ersetzen, etwa so: Und wenn ich nachts träume, wie Uli Stein die Pille … König Artur … Norbert Eilenfeldt)

Aber erzählt das bitte nicht meiner Frau, sonst lässt die mich Samstach nicht mehr auf'em Platz.

Is' so!

Ein Satz, der übrig ist:

Arminia ist wie alt werden … nix für Feiglinge!

Die Geschichte eines Arminen

Auf die Frage habe ich gewartet. Sie musste ja irgendwann kommen. Sie wird mir oft gestellt, so oft wie »Kannst du mir mal die Uhrzeit sagen?« oder »Was willst du trinken?« Mein Gegenüber, nennen wir sie Nina, verschränkt die Arme, lehnt sich zurück und sieht mich mit großen Augen erwartungsvoll an. »Warum ausgerechnet Arminia?« Eigentlich eine gute Frage. Bloß eine Antwort gibt es nicht. Früher habe ich manchmal erwidert, es liefen ja auch so viele hübsche Mädels herum, und in eines würde man sich dann verlieben. Sage ich heute nicht mehr. In diesem Fall bestimmt nicht. »Ist ziemlich kompliziert, willst du das wirklich alles wissen?« Beinahe nervös räkele ich mich auf meinem Stuhl hin und her. Unser Tisch im hintersten Winkel der Kneipe liegt im Halbdunkel. Sie hat eine volle Schachtel Zigaretten vor sich aufgebaut. Okay, ich sehe, dass ich bei ihr mit der Kurz-Version nicht durchkommen werde. »Was willst du trinken?«, frage ich.

Vielleicht hat mich gerade diese Situation und diese junge Frau, die da so wunderbar ehrlich an meiner Fan-Biografie interessiert war und jedes Detail mit ihrem sonderbaren Blick aus mir herauszulocken schien, endgültig dazu gebracht, die Geschichte meiner Fan-Karriere zu skizzieren. Denn die Fragen häuften sich. Und natürlich werde ich auch heute noch oft gefragt: »Wieso bist du als Rheinländer denn Arminia Bielefeld-Fan?« Nein, ich bin dort nicht geboren. Auch meine Eltern und Großeltern nicht. Ich habe nie in Bielefeld gewohnt und auch nie dort in der Nähe. Ich kannte weder die Oberbürgermeisterin persönlich noch war ich je in ein ostwestfälisches Mädel verliebt – das war es alles nicht.

Ich habe als Kind auch keine Arminia-Fans gekannt. Keiner hat mich dazu genötigt, Arminia-Fan zu werden. Und Fußball allgemein war bei uns zu Hause auch nie ein großes Thema. Bielefeld war für mich als Kind genauso weit von meinem Heimatort entfernt wie beispielsweise Stuttgart oder Bremen. Die Stadt war mir also auch aus irgendwelchen anderen, fußballfremden Gründen nicht vertraut. Ich hatte als Kind zur ostwestfälischen Metropole eine Beziehung wie zu Hildesheim, Neckarsulm oder Harzer Kräuterlikör: nämlich keine. Und immer dann, wenn ich wie in diesem Moment alle gegen eine Empathie sprechenden Gründe auflliste und mir vor Augen halte, dann erscheinen die Fragen gar nicht so weit hergeholt. Ich verstehe die Verwunderung meiner Mitmenschen: warum ausgerechnet Bielefeld?

Es ist eine Liebesgeschichte, eine tragische, eine komische, voll Schmerz und Freude und tiefem Glück. Es ist eine Liebesgeschichte mit allen Hochs und Tiefs, mit allem, was eben zu einer Liebe gehört: Faszination, Erregung, Enttäuschung, Versöhnung, Fluch und Segen, Himmel und Hölle, aber nicht zuletzt: bedingungslose Treue. »Liebesgeschichten gefallen mir«, sagt Nina, und ihr Blick ist noch immer unbeirrt. »Liebesgeschichten sind Gefühle pur, davon kann ich nicht genug kriegen.« Auweia, weiß sie, auf was sie sich einlässt? Ob Nina verstehen wird, dass es mit dem Fußball genauso ist, dass man davon nicht genug bekommen kann, dass auch Fußball Gefühle pur bedeutet? Gefühle, die rauf und runter gehen, explodieren, lähmen und töten können, die so vielfältig sind, dass alle Lexika dieser Welt nicht ausreichen, sie zu beschreiben. Wer schreiben kann, hat einmal ein Bekannter gesagt, wer schreiben kann und den Fußball liebt, wer also das Seelen- und Gefühlsleben eines Fans aus eigener Erfahrung her kennt – der muss das aufschreiben! »Denn wer sonst kann auch nur ungefähr ausdrücken, was wir fühlen?«, hat dieser Freund dann noch gefragt. Und mich damit ermutigt, meine eigene Geschichte aufzuschreiben. »Es ist eine lange Liebesgeschichte, und wir müssen weit zurückblättern«, gebe ich mich geschlagen. Sie lächelt: »Also, wie wird man Arminia-Fan?«. Ich fange zu erzählen an.

Wie alles begann – Ein heißer Sommer und Panini-Bilder

Es klingt ein bisschen wie die Geschichte von der ersten Gitarre, den leuchtenden Kinderaugen beim Anblick des funkelnden Drei-Gang-Fahrrades unterm Weihnachtsbaum oder wie romantische Erzählungen aus der Vorkriegszeit nach dem Motto »Für'n Groschen Brause«. Doch es stimmt wirklich: Panini-Bilder haben einen direkten Zusammenhang mit der Karriere eines Fußball-Fans. Wenn in den Autobiografien und Geschichten von Fußball-Anhängern immer und immer wieder Erlebnisse mit Einklebebildern und –alben zu lesen sind, dann hat sich der Erzähler das sicher nicht ausgedacht. Panini-Bildchen, Auslöser erster Symptome einer beginnenden Fußball-Liebe, papiernes Objekt kindlicher Begierde – das ist keine kitschige Übertreibung. Nein, neiiin, es stimmt! Fußball ist kitschig, manchmal mehr als es einem Fan lieb ist, und wenn ich an den Sommer 1982 zurückdenke, dann weiß ich, dass es für einen Menschen wichtig ist, sich an einige kitschige Momente gern zu erinnern. Es war Weltmeisterschaft in Spanien, und wie ich das Panini-Album der Saison 81/82 in die Hände bekommen hatte, weiß ich nicht mehr. Jedenfalls merkte ich erst, dass dieses Einklebealbum gar nicht mehr aktuell war, als mich die Sammelleidenschaft schon hoffnungslos gepackt hatte. Das war mir und meinem Bruder Jolle auch egal. Wir hatten etwas entdeckt, was uns fesselte. Ich war zwölf, besuchte das Gymnasium in Mettmann-Metzkausen und war wie mein zwei Jahre jüngerer Bruder in Sachen Fußball absolut nicht vorbelastet. Es war 1982, *der* Sommer 1982, als mein Fußball-Herz zu schlagen begann.

Jenes Album existiert immer noch, ich habe es irgendwann wieder aus einem riesigen Stapel Stadionzeitungen, „Kicker-Heften" und anderen Fußballblättchen herausgezogen: ein völlig zerfetztes, nur noch halb vollständiges Heft, »Panini Fußball 82« steht oben auf der Umschlagseite, und darunter läuft der junge Karl-Heinz Rummenigge dem HSV-Kicker Ditmar Jakobs davon. Halb abgelöst pappt daneben ein Aufkleber mit dem Wappen von FSV Frankfurt, hab keinen blassen Schimmer, was das da soll. Das Heft beginnt mit drei wichtigen Symbolen: dem eingeklebten Wappen des Deutschen Fußball Bundes (DFB), der Salatschüssel und dem DFB-Pokal. Gleich danach folgt die Arminia-Doppelseite. Auch heute noch vertraute Gesichter wie Wolfgang Kneib, Helmut Schröder und Karl-Heinz Geils schauen mir entgegen, genauso wie die längst vergessenen DSC-Kicker Jens Steffensen, Bernd Krumbein oder Eduard Angele. Waren diese Bilder meine erste bewusste Begegnung mit Arminia Bielefeld? Ich kann nicht mehr sagen, ob ich den Verein vorher schon einmal registriert hatte. Ich wüsste es so gern: Wie und wann trat Arminia in mein Leben? Wann begegneten wir uns zum ersten Mal? Ich werde es nie erfahren.

Während jener Panini-Zeit war Arminia zumindest für mich ein Club wie alle anderen, wie Eintracht Braunschweig, Darmstadt 98 oder Bayern München. Nur Fortuna war etwas anderes. Fortuna Düsseldorf war ja bestens bekannt, das war für mich kein abstrakter Verein, sondern eine bekannte Größe. Im nahen Rheinstadion war ich ja schon einmal gewesen. (Übrigens, fällt mir jetzt auf, dass sogar zwei Drittel des Panini-Albums fehlen und Arminia eine der ganz wenigen noch vollständigen Mannschaften ist. Ein Glück.)

Kitsch deshalb, weil es sich bestimmt albern anhört, wenn ich heute sage: Es war ein wunderbares Stück Kindheit, diese Zeremonie des Tütenaufreißens, und dann das »Hurra!«, wenn ein noch fehlender Spieler unter den vier Bildchen war oder enttäuschte Blicke beim fünften Bild von Gerd Strack (FC Köln) oder Lothar Huber, dem Dortmunder Riesenbaby. Wolfgang Pohl vom DSC, glaube ich, war auch so ein Doppelbild-Kandidat. Aber noch mal: Es war eine tolle Zeit mit den Fußball-Bildern, obwohl wir Kinder zu den Vereinen keinen Bezug hatten, sondern höchstens zur Nationalelf, die – bekanntlich erfolglos –

in Spanien Weltmeister werden wollte. Eigentlich war ich bis dahin ein Kind wie fast alle hier in der Gegend, fußball-ideologisch gesehen: Man kannte die Spieler der Nationalmannschaft, logo, sympathisierte mit Kalle Rummenigge und dem kleinen, krummbeinigen Dribbler Pierre Littbarski und kannte ansonsten höchstens drei, vier Spieler von F 95. Und Panini-Bilder zu sammeln, wie anfangs schon erwähnt, war auch nichts Außergewöhnliches, absolut nicht.

Bei der Stelle mit dem Tütchen-Aufreißen, habe ich gesehen, hat Nina kurz gelacht. Jetzt schaut sie wieder fragend und kein bisschen klüger als am Anfang. »Und? Warum bist du nicht beim Gewöhnlichen geblieben? Wann haben die exotischen Biografie-Anteile eingesetzt?« Wenig später. Aber das mit den Panini-Bildern wollte ich vorher geklärt haben. Nicht um mich mit dem schräg schreibenden Popliteraten Nick Hornby zu messen, beileibe nein, aber um zumindest die Basis erklärt zu haben. Dass die Leidenschaft für die Einklebebilder direkt etwas mit der für den Club in Ostwestfalen zu tun hat, ist wenig wahrscheinlich. Ich weiß es aber wirklich selbst nicht genau. Deswegen lasse ich jetzt auch noch keine Zwischenfragen zu. Nina sieht jetzt so aus, als würde sie ganz viel auf einmal wissen wollen. Ich erzähle erst einmal weiter:

Der heiße Sommer ging, der Herbst kam und mit ihm die neue Bundesliga-Saison. Alltag nach der WM für die Fußball-Fans hierzulande, aber ich war ja noch keiner von ihnen. Ein neues Schuljahr hatte begonnen, und in der Klasse erzählte man sich viel von Fortuna. Mettmann, muss man für die Ortsunkundigen erklären, liegt keine 20 Kilometer von der Landeshauptstadt entfernt, etwa genauso weit wie Wuppertal, doch überwiegen in dem 40.000 Einwohner-Städtchen klar die Fortuna-Anhänger. (Mithalten können hier – wie überall in Deutschland – nur die Bayern-Fans und – das gilt wahrscheinlich für ganz Nordrhein-Westfahlen – die Anhänger von S04. Auch die Mannschaft mit dem grün-schwarzen Vereinslogo von der anderen Rheinseite spielt in der Region ine Rolle, ich möchte sie aber so selten wie möglich erwähnen.).

Es war an einem Samstag – und hier beginnt die Kurzversion meiner Geschichte, wie ich DSC-Fan wurde – , und Fortuna hatte ein Heimspiel. Vergessen habe ich längst, gegen wen die Fortuna spielte, ich und mein Bruder wollten uns das Spiel auf jeden Fall in der »Sportschau« anschauen. Deswegen kehrten wir frühzeitig von einer Herbstwanderung zurück ins Elternhaus. Um es noch einmal klar auszudrücken: Es waren kein innerer Zwang, der mich nach Hause trieb, kein bisschen Erregung, keine zitternden Finger beim Einschalten des Fernsehers. Wir wollten uns das Match nur deshalb anschauen, weil es wohl ein bedeutenderes gewesen war und viele Freunde vorher davon gesprochen hatten.

Doch dann kam es alles ganz anders. Nicht Fortuna, sondern Arminia wurde gezeigt. Der DSC zu Hause gegen Bayern München. Die Münchner Kicker waren selbst mir Fußball-Laien als übermächtig bekannt – mit den Weltmeistern Paul Breitner und Uli Hoeneß und weiteren bekannten Leistungsträgern, und so fand ich wohl Gefallen daran, wie sich die »kleinen« DSC-Spieler gegen den großen Gegner auflehnten. Patsch, eine Ohrfeige, noch eine, Bayern hatte zweimal getroffen, doch Arminia, die mir bis dahin unbekannte, schlug zurück: 1:2 durch Pagelsdorf und 2:2 durch Schröder (den ich ja schon von den Sammelbildchen her kannte). Dann kamen Augenthaler und Rummenigge und machten die 2:4-Heimniederlage perfekt. Arminia hatte verloren, doch ich erinnere mich daran, wie ich dieses Ergebnis mit Respekt registrierte, Respekt für das Aufbäumen und das Dagegenhalten, Respekt für den Außenseiter. Dass man sich für eine 2:4-Niederlage im harten Bundesliga-Geschäft nichts kaufen kann, das wusste ich damals noch nicht. Ich betrachtete dieses Ergebnis als einen Erfolg für Arminia. Und wenn ich heute, 40 Jahre später, an diese »Sportschau-Sendung« zurückdenke, dann glaube ich, dass ich an diesem Abend Arminia-Fan wurde. Ja, so war es wohl.

Zumindest die Weichen waren gestellt. Vier Spieltage später schaltete ich wieder die »Sportschau« an. Arminia spielte gegen

Hertha und gewann mit 2:1. Und da war es zum ersten Mal, das Gefühl der Sympathie, das man wohl im Zusammenhang mit Fußball wohl am besten als »mitfiebern« bezeichnet. Genau das empfand ich vor dem Fernseher, eine mir bis dahin völlig unbekannte Empfindung. Lienens Ausgleich, Hupes Siegtreffer – die Leidenschaft hatte mich rasend schnell gepackt. Arminia Bielefeld, ich sprach diese Worte noch einmal langsam vor mich her, Ar-mi-ni-a Bie-le-feld. Was hab' ich damit zu tun? Wo liegt Bielefeld überhaupt. Ach ja, in der Nähe von Minden, wo die Patentante wohnt. War Arminia schon 'mal Meister? Warum spielt von denen keiner in der Nationalmannschaft mit? Arminia Bielefeld. Ich war 13 Jahre alt und zum ersten Mal richtig verliebt. Arminia, ein komischer Name. Wie gut, dass die doch noch gewonnen haben gegen Hertha. Gegen wen spielt Arminia eigentlich nächste Woche? Wieder gegen Hertha?

Ob ich Nina auch vom elften Spieltag jener Saison erzählen soll, dem 6. November 1982? Ein rabenschwarzer Samstag für Arminia, so schwarz, dass er heute noch einen dunklen Schatten auf die Vereinsgeschichte wirft: die 1:11-Niederlage in Dortmund. Ein echter Arminia-Fan erinnert sich auch heute, über 39 Jahre später, immer noch nicht gerne an diesen Tag – obwohl er, ganz unbestritten, zur Vereinshistorie gehört. Als dem armen Olli Isoaho damals die Bälle nur so um die Ohren klatschten, da fiel ich zum allerersten Mal in jenen grausamen Fußball-Abgrund hinein, der Frust, Trauer und ohnmächtige Wut bedeutet. Ich war gerade einmal vier Wochen lang Fußball-Fan, und dann solch ein brutaler Schlag, ein Schlag, der in dieser Intensität beinahe jedem Anhänger einer deutschen Erst- oder Zweitliga-Mannschaft erspart geblieben ist.

Mettmann, meine Heimatstadt, ist ein spezieller Ort. Das sagen nicht nur viele Leute von außerhalb, die häufig hierher kommen (müssen), das sagen auch eine Menge Einheimischer. Wenn man wie ich bereits über 50 Jahre in dieser Stadt wohnt, dann kommt man trotz einer durchaus patriotischen Gesinnung nicht völlig umhin, einige Spleens und Spinnereien der Hiesigen zu bestätigen. Einer, der aus Nürnberg hierhin gezogen ist, hat einmal gesagt, Mettmann sei »eine Kleinstadt, die krampfhaft versucht, eine Großstadt zu sein«. Lob, Tadel, vernichtendes Urteil? Ich weiß es nicht. Genau zwischen Wuppertal und Düsseldorf liegt unser Städtchen, die natürliche Grenze gen Westen hin ist die Autobahn A3, zwischen Wuppertal und uns gibt's keine Grenze, braucht es auch gar nicht zu geben: Da gehören wir sowieso nicht hin!

Die Mettmanner sind nach Düsseldorf orientiert, das betrifft den Arbeits- wie den Freizeit-Bereich und gilt auch für den Fußball. Die Fortuna-Fans dominieren, trotz zahlenmäßig nicht ganz unerheblicher Bayern-, BVB-, Schalke- oder Gladbach-Fraktionen. Als Arminia-Anhänger ist man hier ein absoluter Exot. Ich glaube, vor mir hat's in Mettmann nie einen DSC-Fan gegeben. Dementsprechend groß war das Hallo und das Stirnrunzeln an der Schule, als ich mich bald nach meiner »Fußball-Infizierung« outete und zum Arminiatum bekannte: »Schroeder ein Arminia-, ein Fußball-Fan? Der kann doch mit dem Ball gar nicht umgehen, hat nie mitdiskutiert, gefachsimpelt in den Pausen, wenn wir den Spieltag besprochen haben.« Doch die Schmierereien auf Schulheften und Federmappe sprachen eine deutliche Sprache. Sie zeigten unmissverständlich, dass der schmächtige Achtklässler plötzlich etwas gefunden hatte, wozu er sich hundertprozentig bekannte: Seht her, ich bin Arminia-Fan, und da kann mir keiner reinreden!

Und wie ich jetzt mitreden konnte, wenn's um das Bundesliga-Geschehen ging. Ein Sprung ins kalte Wasser, von null auf hundert: Aus dem Nichts war eine immense Leidenschaft entstanden, eine echte Liebe, mehr als jugendliche Verliebtheit. Es war mehr: Arminia war Identifikationsfigur und wurde schnell, vielleicht zu schnell zum Lebensmittelpunkt. Zumindest nahm die Entwicklung von zurückhaltender Unscheinbarkeit hin zum Exoten einen unnatürlich schnellen Verlauf. In den Augen der anderen war ich nicht plötzlich irgendein Fußball-Fan, sondern ein ganz besonderer, ein herausstechender; und jede Exotik zieht die Blicke der Umwelt in besonderer Weise auf sich. Das beobachte ich heute wie damals. Auf jeden Fall war ich nicht nur in der Klasse, sondern schnell auch an der ganzen Schule als Arminia-Fan bekannt, im Freundeskreis sowieso.

Für mich als 13-Jährigen genügte es damals, Arminia-Fahnen auf alle erdenklichen Unterlagen zu malen, meinen DSC verbal zu verteidigen, wenn irgendwo schlecht über ihn gesprochen wurde und am Montag mit sichtlich guter oder aber betrübter Laune in der Schule zu erscheinen – das reichte damals aus, um als echter Fußball-Anhänger und zudem noch als Fan-Unikat zu gelten. Keine Frage, ich war echter Fan, grinste triumphierend, wenn die Bundesliga-Ergebnisse besprochen wurden oder bot Angriffsflächen für Hohn und Spott. Wie heute eigentlich, die Gefühle gingen rauf und runter, schon damals. Und der kleine Gymnasiast hatte wenig, um sich vom Fußballgeschehen abzulenken, keinen Alkohol, keine Trost spendenden Freundinnen. Davon aber später mehr. Momente großen Glücks und Stunden tiefer Verzweiflung, die in diese Zeit fallen, sind heute immer noch gegenwärtig, und blättere ich in Gedanken zurück, so wird das ein oder andere Spiel wieder wach.

»Keine Trost spendenden Freundinnen?«, wiederholt Nina mit absichtlich mitleidsvoll verstellter Stimme. »Du Armer, warum denn nicht?« Weil ich erst 13 war. Ich weiß, das ist keine befriedigende Erklärung, aber an dieser Stelle muss sie reichen. Wir reden hier ja über Fußball und nicht über Frauen. Oder doch? »Hat das eine nichts mit dem anderen zu tun?«, fragt sie. »War Arminia für dich nicht eine Art Ersatz-Freundin?« Quatsch! Aber ich selbst hab' sie ja auf diese Idee gebracht, als ich gesagt habe, ich hätte mich in den Verein verliebt wie in ein umherlaufendes Mädchen. Nun verwechselt Nina da einiges. Verliebtheit ist nicht gleich Verliebtheit. Aber wie soll sie das wissen: Gerade habe ich ja noch davon berichtet, Arminia sei für mich anfangs ein Verein wie jeder andere gewesen. Ihr geht es ja nicht anders. Sie kennt Arminia jetzt gerade seit einer halben Stunde. Sie kann noch nicht

abschätzen, was ein Verein wie Arminia für einen 13-Jährigen be-
deuten kann, dass er sich von ihm »verführen« lässt. »Verführen.«
Sie kichert. »Jetzt musst du mir aber wirklich genau erklären, was
das Besondere an Arminia ist.« Ich will's versuchen. Und fange am
besten erst einmal ganz theoretisch an.

Was ist das Besondere an Arminia?

Die Sozialisation des Fußball-Fans geht genauso unbemerkt vor sich wie die Sozialisation eines Menschen allgemein. Das heißt: So wie ein Kind, ein Jugendlicher, ein Erwachsener nicht bewusst mitverfolgt, wie er Teil der Gesellschaft wird oder geworden ist, so merkt der Arminia-Fan nicht, wie schnell er sich an den rauen ostwestfälischen Wind, die Launen der Diva Arminia, das Auf und Ab gewöhnt hat. Dass der DSC keine Star-Truppe ist und auch 1983 nicht war – geschenkt! Auch jugendliche Verliebtheit, die ja bekanntlich blind machen kann, täuschte mich nicht darüber hinweg, dass ich mich als 13-Jähriger auch ans Verlieren gewöhnen musste. Wie gesagt: Der harte Kampf und das Wechselbad der Gefühle waren sehr schnell Bestandteile meines Lebens geworden, ohne bewusst gemerkt zu haben, wie genau diese Veränderung vor sich gegangen war. Ich war plötzlich Fußball-Fan, und damit basta! Und zwei Sachen hat der Arminia-Fan in null Komma nichts gelernt: sich ein dickes Fell gegen Niederlagen anzueignen sowie Siege überschwänglich und ausgiebig zu bejubeln.

Kein halbes Jahr Fußball-Fan, und schon konnte eine Niederlage mir ein ganzes Wochenende vermiesen. Und das ist jetzt nicht irgendwie dahergesagt, es war wirklich nicht mit zehn Minuten Grollen getan, und dann ging's zur Tagesordnung über, nein! Ich erinnere mich an eine 1:2-Niederlage bei Eintracht Frankfurt, die mir den kompletten Karneval 1983 versalzen hat. Am 5. Februar war es, die Rückrunde hatte einen Spieltag vorher mit einer 0:3-Schlappe in Braunschweig begonnen (an die ich mich aber heute gar nicht mehr so recht erinnern kann). Zwei Auswärtsspiele hintereinander, eine angespannte Situation für jeden Fan. Dieser 5. Februar war der Karnevalssamstag, und es begann so gut vor dem Radio: »Auweia, Pahl am Boden, Geils steht frei, Tor!« 1:0 für den DSC kurz nach der Halbzeitpause, ich hätte dem Radiomann um den Hals fallen können. Den Vorsprung fahren wir nach Hause, das 1:0 halten wir, diese schwachen Frankfurter lassen wir nicht mehr zum Zuge kommen! Das wird ein gutes Karnevalsfest, mit einem Auswärtssieg im Rücken.

Doch dann, wie so oft und anlässlich des aktuellen Bundesligageschehens bestens vertraut, ein Doppelschlag: Charly Körbel erzielte den Ausgleich, (Uwe) Müller eine Minute später das 2:1. Ich schaltete das Radio aus und erst wieder um 17.15 Uhr ein, eine aus meiner Sicht nervenschonende Taktik, die ich teilweise bis heute beibehalten habe. Am Abend dieses Tages, ich erinnere mich noch genau, saß ich teilnahmslos auf der Wohnzimmer-Couch, während Eltern, Geschwister und Bekannte zu Karnevalsmusik umhertanzten und Spaß hatten. Es lief die Schallplatte »Stimmung frei Haus«, die ich eigentlich liebte. Aber heute hasste ich diese Partymusik. Feiern, wie kann man an solch einem Tag nur feiern? Oh, ich Armer, ich hatte nichts weiter als diese eine einzige verdammte Arminia!

Siege waren in der Saison 82/83 zwar nicht unbedingt eine Seltenheit, stellten sich jedoch auch nicht so häufig ein, dass ich im ständigen Jubeltaumel den Überblick verlieren könnte, welcher Zweier den nun schon wieder das Arminen-Herz erwärmt hatte. Warum mir der 2:0-Sieg gegen den HSV in so guter Erinnerung geblieben ist und nicht das 1:0 gegen den BVB, der Ansatz einer Wiedergutmachung für das Hinrunden-Drama, oder der 5:1-Sieg gegen den KSC? Wahrscheinlich deshalb, weil der HSV damals die beste Mannschaft der Liga war und zudem noch amtierender Meister.

Wenn ich die Spiele nicht im alten Röhrenradio mitverfolgt hatte, war unser großer, dunkler Kellerraum Ort zitternder Erwartung und fiebriger Spannung. Hier stand der einzige Fernseher im Haus, ein Schwarz-Weiß-Gerät, das heute ähnlich antiquiert, ja, historisch anmutet wie die Sendung, die in diesem Fernseher samstags um punkt 18 Uhr über den Bildschirm flimmerte: die »Sportschau«. Arminia auf der heimischen Alm gegen die Hamburger, das war keines der Spiele, über die nicht ausführlich berichtet wurde und deren Ergebnisse der Zuschauer deshalb schon vor den drei ausgewählten Spiel-Zusammenschnitten erfahren durfte. Grausam war es bisweilen, das Warten, bis endlich, endlich das Arminia-Spiel gezeigt wurde, eine nicht enden wollende Nervenstrapaze für den 13-Jährigen, der sein Herz irgendwo in Ostwestfalen verloren hatte, obwohl er nie dort gewesen war.

Lauter und begeisterter hätte ich jedoch auch auf der mit 25.000 Zuschauern ausverkauften Alm nicht jubeln können. Zweieinhalb Stunden zeitversetzt flogen die Arme in die Luft, als Gregor Grillemeier den Ball an den damaligen HSV-Torwart Uli Stein vorbei ins Netz schoss. Das war ein Moment jugendlichen Glücks, und ich balle heute noch manchmal die Faust zur Siegespose, wenn ich an dieses Tor vor nunmehr 39 Jahren zurückdenke.

Der HSV spielte gut, Arminia jedoch besser. Diergardt, Hupe und Büscher ließen nichts anbrennen, erleichternde Momente im Fernsehsessel, wenn der junge DSC-Keeper den Ball wieder einmal unter Kontrolle gebracht und weit in die Hälfte der Hamburger abgeschlagen hatte. Zwar schwindet die Zeit einer Spielzusammenfassung vor dem Fernseher ganz anders als die reale Spiellänge, doch hat man es als Fan im Gespür, wenn der erlösende, jetzt gut eineinhalb Stunden zurückliegende Abpfiff näher rückt. Als unser damaliger Bomber Frank Pagelsdorf sich in der 87 Minute mit dem Ball aufmachte in Richtung HSV-Tor und zum 2:0 einlochte, war das Spiel gegessen, ein grandioser Sieg perfekt und mein Wochenende gerettet. Obwohl ich mir die Hand am groben Raufaserputz der Kellerdecke aufriss, als ich zum finalen Jubel aus dem Sessel emporschoss.

Zu denjenigen, die mich in Sachen Fußball entscheidend mitgeprägt haben, gehört ohne Zweifel mein damaliger Freund und Klassenkamerad Porky. Eigentlich hieß er Sven, aber da er immer schon ein bisschen fülliger war und zudem mit Nachnamen Pipjorke hieß, passte der Spitzname wunderbar. Das wusste auch Pork, und deswegen wehrte er sich auch nicht.

Pork war Werder-Fan. Gerade geworden. Vorher hatte sein Herz nämlich dem VfL Bochum gehört. Diese Leidenschaft war irgendwann mit elf oder zwölf Jahren zu Ende gegangen. Ich glaube, Pork kam eines Montagmorgens in die Schule und berichtete, er sei übers Wochenende Werder-Anhänger geworden. Mit dem Tintenkiller entfernte er das VfL-Wappen von seiner Federmappe und kritzelte ungeschickt das Werder-Logo auf die frei gewordene Stelle. So einfach ging das damals noch.

Unsere Freundschaft wurde bereichert durch eine intensive Fußball-Feindschaft; wo und wann immer es ging, machten wir uns gegenseitig die Vereine schlecht, lästerten, schimpften und beleidigten, was das Zeug hielt. Wir führten endlos lange Diskussionen, die niemals einen Konsens zum Ziel hatten, sondern immer nur polemisch waren. Wie sollen die Fans zwei verschiedener Mannschaften auch auf einen Nenner kommen, wenn sie über Fußball reden?

Der Dritte im Bunde, Axel, war Bayern-Fan und zog unsere gemeinsame Verachtung auf sich: Zu den Münchnern zu halten galt schon damals als ausgesprochen uncool. Die spannendsten Momente der Schulzeit waren jene direkt vor und nach dem Wochenende. Am Freitag gaben wir drei unsere Tipps für die Spiele ab, und am Montag besprachen wir den Spieltag ausgiebig, während der langweiligen Geschichtsstunde oder in der Pause auf dem Jungenklo.

Mit Pork ging ich auch manchmal ins Stadion. Er war es zwar nicht, der mich zum ersten Mal in die große Lohausener Betonschüssel begleitete, aber mit ihm wurden die Ausflüge ins Rheinstadion zur Regelmäßigkeit. Ich gewöhnte mich an den Fußball, an den echten Fußball. Pork, Axel und ich, wir waren Fußball-Fans, Experten, und als solche wurden wir auch von unseren Klassenkameraden durchaus auch gesehen.

Axel hasste ganz besonders Karl-Heinz Geils. Immerzu hackte er auf dem vollbärtigen Abwehr-As herum und ließ kein gutes Haar an dem »Treter«, wie er den Arminen nannte. Der Kicker konnte noch so gut gespielt haben am Wochenende, mein Klassenkamerad verbreitete üble Gerüchte und Lügen über Geils unter meinen gutgläubigen Klassenkameraden. »Ein ganz Brutaler, total unfähig«, hetzte der Bayern-Fan gegen Karl-Heinz Geils. Natürlich hatte Axel sich diesen Spieler nur herausgepickt, weil ich besonders auf Geils stand. »Ein Mann für die Nationalmannschaft, absolut«, provozierte ich, und Axel konterte in seiner spöttischen Art, indem er lautstark berichtete, Geils hätte am Samstag »wieder einen Gegenspieler ins Krankenhaus gestiefelt« und sei »reif für die Fahndungsliste«. Einmal erwischte ich Axel, wie er während der Englischstunde einen Zettel durch die Reihen reichen ließ. Irgendwie erreichte die krakelige Zeichnung auch mich. Sie zeigte ein Spielfeld aus der Vogelperspektive, »Geils im Einsatz« stand darüber. Eine wirre Zickzacklinie sollte seine verschiedenen Zweikampfstationen darstellen, und an jeder Ecke hatte Axel eine Sprechblase mit Klagelauten hingezeichnet: »Autsch!«, »Ahhrg!«, »Hilfe!«, »Auaaaa!«, »Schmeeerz!«.

Eine immer wiederkehrende Streitfrage zwischen uns war auch die korrekte Aussprache des Spielernamens Detlef Schnier. Ich bestand darauf, dass er wie »Deetlef« ausgesprochen werden müsse, aber Axel konnte sich darüber nur kaputt lachen. Er hetzte die anderen Klassenkameraden auf: »Deetlef, Deetlef! das kann doch nicht wahr sein, ist der bekloppt!« Und die Mitschüler ließen sich tatsächlich anstecken. »Dettlef heißt das, Dettlef heißt der«, belehrten sie mich, obwohl sie eigentlich gar nicht wussten, um wen es ging. Armer Detlef Schnier! Wir konnten niemals eine Einigung darüber erzielen, wie er denn nun wirklich hieß.

Was waren die Höhepunkte in diesem Schülerleben? Mal eine Eins in Deutsch, viel seltener eine Drei in Mathe, mal ein gehaltener Elfmeter im Sportunterricht. Mal ein kurzer Flirt mit Susi, dem Mädchen, in welches eigentlich jeder Junge der Klasse verknallt war. Einen Tag nach der Katastrophe im Heysel-Stadion kam sie plötzlich auf mich zu, was sie sonst selten tat und fragte ganz interessiert, was ich denn von den Vorfällen in Brüssel halten würde. Wie hätte das vermieden werden können? Sie fragte mich als Fußball-Sachverständigen. Ich fühlte mich wirklich geehrt. Mein Herz schlug schneller, und ich wusste nicht genau warum: Weil meine Einschätzung als Fachmann gefragt war oder weil Susi mir so tief in die Augen blickte. Zumindest aber registrierten auch die anderen Jungs Susis Interesse für mich. Und schon wieder war mein Ansehen um ein My angewachsen.

Die eigentlichen Höhepunkte waren aber Arminia-Siege. Es waren Triumphe, die ich ganz besonders in der Schule genießen konnte. Gewonnene Spiele rissen das triste Grau des Schulalltags auf, machten alles um mich herum heller und waren besser als jede Eins in Deutsch. Die Bielefelder Mannschaft war dem kleinen Untersekundaner aus der rheinischen Kleinstadt so unendlich wichtig, dass ihre Erfolge und Misserfolge schwerer wogen als die eigenen in der langweiligen Penne. Jeder Sieg war ein Fest, ein Glückserlebnis und absoluter Höhepunkt der Woche, des Monats oder gar mehrerer Monate.

Denn auch damals schon war der DSC alles andere als ein souveräner Erstligist, der die Punkte in schöner Regelmäßigkeit einfuhr. Ich wusste schon mit 13 Jahren, dass Siege für einen Arminia-Fan nicht zur Tagesordnung gehören. Besonders gut erinnere ich mich deshalb an die Triumphe über die »Großen« wie den HSV, Werder oder Bayern. Zweimal klatschten wir in dieser Zeit auf unserer Alm die Kicker von der Alster weg, einmal mit 2:0 und einmal satt mit 4:1. Auch die anderen Hanseaten gingen in Bielefeld mit 2:0 unter. Nachdem der Jubel über Horst Wohlers' Tor des Monats verklungen war, machte sich ein Gefühl wunderbarer Genugtuung breit. Ich dachte an Pork, ich musste lachen, ich genoss schon am Samstagabend in Gedanken jenen Gesichtsausdruck, mit dem Pork am Montag zur Schule kommen würde: verschämt, breit grinsend, Gefasstheit heuchelnd. Wenn doch bloß schon Wochenanfang wäre! Das war mein Triumph, mein Sieg über Werder und damit über Pork, der mit seinen Grün-Weißen viel zu oft schon auf der Gewinnerseite gestanden hatte.

Aber mein Schulkamerad erwies sich als guter Verlierer. Wortlos trabte er am frühen Montagmorgen auf mich zu, reichte mir die Hand und beglückwünschte mich. Auch Axel kam und gratulierte. Wunderbare, segensreiche Momente! Der hart verdiente Lohn eines echten Fans. Es war ein bisschen so wie das Gefühl nach einer guten Mathe-Klausur, für die man ewig lange und intensiv gepaukt hat: Der Einsatz hat sich letztendlich doch gelohnt. Pork und Axel wussten genau, was ein Fan leistet und einsetzt, und es war daher für sie eine Selbstverständlichkeit, mir für den ersehnten Sieg meiner Arminia zu gratulieren. Ich hätte die beiden umarmen und küssen können für ihre Einsicht und Sensibilität!

Die anderen Klassenkameraden schauten verwirrt. Die übliche Frage: »Hast du Geburtstag?« »Nein, wir haben gewonnen«, antwortete ich. »Ja, wir, ich und Arminia, Arminia und ich. Gegen Werder Bremen, mit 2:0. Ja, lacht nur, aber es ist bitterer Ernst. Also gewöhnt euch lieber gleich dran an diese Spinnereien. Und daran, dass mir heute absolut nichts mehr die Laune verderben kann. Auch nicht euer Gekicher.«

Gratulationen nach Siegen wurden zur Selbstverständlichkeit. Ich fand es herrlich, am Montag in die Schule zu kommen und belohnt zu werden, noch bevor die Schulwoche überhaupt begonnen hatte. Leider kamen diese glückseligen Montage nicht allzu häufig vor. Das lange Warten auf Erfolge brachte mich schon damals häufig dazu, unbedachte Versprechungen zu machen. Das Warten auf den nächsten Sieg wurde wieder einmal lang, und es nahte das Heimspiel gegen die Hamburger. Es brodelte. Mit jedem Tag wurde das Kribbeln stärker. Pork und Axel feixten in jeder Fünf-Minuten-Pause, wie hoch wir denn wohl gegen den Spitzenreiter verlieren würden: 0:3, 0:4, 0:5? Eine absolute Herausforderung für mich. Ich sagte nicht »Wartet ab, wir schlagen den HSV« oder ging etwa eine riskante Wette ein. Ich konterte nicht plump mit unrealistischen Phantasien. Ich blieb erstaunlich ruhig. »Für jeden von euch eine Currywurst-Pommes-Mayo, wenn wir gewinnen«, versprach ich und machte ein ernstes Gesicht. Das war auch nötig. Die beiden Klassenkameraden blickten mich überrascht bis belustigt an. Sie glaubten, ich mache Witze. »Ja, klar, sicher doch«, lächelten sie süffisant. Sie taten mein Versprechen als dummes Gerede ab. Zum Verständnis: Zwei Mal vier Mark fünfzig für die beiden Currywurst-Schalen sind neun Mark, und das war damals ein Haufen Geld für mich, für uns drei. Das war beinahe ein wöchentliches Taschengeld. Axel und Pork glaubten nicht, dass ich diese enorme Summe opfern würde, nur um sie am möglichen Triumph über Hamburg teilhaben zu lassen.

Umso feierlicher fiel die Zeremonie dann tatsächlich aus, als wir am Montag nach der Schule zielstrebig in Richtung Pommesbude schritten und den 2:0-Sieg über den HSV feierten. Axel und Pork waren beeindruckt, ich war stolz. Auf Arminia, auf mich. Auf zwei Freunde, die begriffen hatten, dass es mir ernst war mit dem Fußball und Arminia Bielefeld.

Mein erster Untergang

Pork war an meiner Seite, als Arminia zu Boden ging. Wir waren zusammen in Dortmund, wo seine Bremer um die Meisterschaft kämpften. Es war der letzte Spieltag der Saison 84/85 und mein erster Abstieg. Dortmund, Mitabstiegskandidat, siegte 2:0 gegen Werder, rettete sich und machte Bayern zum Meister. Ein bitterer Tag für Pork und mich. Aus dem Stadionlautsprecher erfuhren wir, dass Arminia gegen Uerdingen 1:0 gewonnen hatte, aber dank des BVB-Sieges nun trotzdem in die Relegationsspiele gegen Saarbrücken musste. Der Anfang vom Ende, das sich schon lange abgezeichnet hatte. Es war genau wie bei den Abstiegen, die 13 und 15 Jahre später folgen sollten: Der Abgang kam nicht aus heiterem Himmel. Wir Fans hatten schon damals die gesamte Rückrunde über Zeit, uns seelisch auf den Abstieg vorzubereiten und langsam Abschied zu nehmen von der Bundesliga. Der Stachel saß nicht besonders tief an jenem Samstagnachmittag in Dortmund. Und auch die Ergebnisse der beiden Relegationsspiele registrierte ich sonderbar gefasst. Arminia war schon lange vorher abgestiegen. Trotzdem war es gut, dass mein Freund Pork dabei war, als Arminias Fall sich plötzlich in solch deutlichen Konturen abzeichnete. Für einen Moment, glaube ich, hat auch er betreten geschaut und geschwiegen. Ob's aus Ehrfurcht vor der Todgeweihten war oder aus Solidarität mit mir, ich weiß es nicht. Beides, hoffe ich.

Danach war in der Schule nichts mehr wie früher. Die zweite Liga war kein Gesprächsstoff. Werder und Bayern und Fortuna, die sich nur durch ihr besseres Torverhältnis vor der Relegation hatte retten können, standen im Mittelpunkt der Gespräche. Arminia kam nun nicht mehr regelmäßig im Fernsehen, und deshalb geriet der Club bei den Mitschülern in Vergessenheit. Die Fachsimpeleien mit Pork und Axel wurden immer seltener. Schwarz-Blau-Weiß verschwand aus den Köpfen der Klassenkameraden. Ein Jahr später wurde der Klassenverband aufgelöst, und in der Oberstufe verloren sich die Kontakte nach und nach. Pork, Axel und ich, fußball-ideologisch seit jeher getrennte Leute, gingen nun eigene Wege.

Einmal nur ist mir Arminia – wie seltsam! – in der Schule wieder begegnet. Im Lateinunterricht war's, und wenn ich daran zurückdenke, so erscheint mir diese Situation heute weitaus sonderbarer als sie tatsächlich war. Es war ein Déjà-vu ein Ritt zurück in die vergangene Saison, der mich die Leiden im aussichtslosen Abstiegskampf noch einmal erleben ließ. Schuld daran war die lateinische Lektüre, die der Lehrer zu unserer Erheiterung vorlas und in der eine Mannschaft namens Concordia gegen eine gewisse Arminia kämpft – aber nicht auf einem römischen oder teutoburgischen Schlachtfeld, sondern auf dem satten Grün eines Fußballplatzes. Es war ein Spielbericht in lateinischer Sprache, und zwar einer realen Begegnung nachempfunden: jenem Sieg des DSC über Eintracht Braunschweig in der Spielzeit 84/85, dem letzten Aufbäumen vor der endgültigen Kapitulation. Ein Spiel ohne jede Bedeutung und längst vergessen. Wieso hatte irgendein ahnungsloser Schulbuchautor ausgerechnet dieses Match ausgewählt und mühselig übersetzt, um es dann einer Bande unmotiviertenr Schülern als Alternative zur langweiligen Cäsar-Lektüre vorzusetzen? Gab es nicht weit bedeutendere Spiele? Wollte er mich unbedingt quälen? Dem »Kicker« hätte der Autor mit dieser gerundivum- und ablativlastigen Version jedenfalls keine Konkurrenz machen können. Kein Mitschüler vermochte dem wirren Spielverlauf zu folgen, ich war der einzige, der begriff, dass »Rautiainen« und »Dronia« keine neu eingeführten lateinischen Vokabeln waren. Und noch mehr wusste ich, sehr zur Verwunderung meiner Mitschüler, schon vor dem Ende der Vorlesestunde mitzuteilen, nämlich das Endergebnis: 3:2 für Arminia. »Ist ja komisch«, hörte ich es in irgendeiner Ecke murmeln, »hat der Schroeder etwa Hausaufgaben gemacht?«

War ja klar, dass Nina an dieser Stelle lacht. Sie nimmt einen Schluck aus ihrem Glas. »Also warst du kein guter Schüler da-

mals?« Ich zucke nur mit den Schultern. *Das ist eigentlich eine andere Geschichte. Als ich Fußballfan wurde, war ich noch gut in der Schule, gemessen an den übrigen Klassenkameraden, die größtenteils schon in der Pubertät steckten, sogar ziemlich gut. Aber diese für einen Teenager unnatürliche Bravheit wurde kurze Zeit später abgelöst von einer unnatürlich heftigen Phase der Aufsässigkeit. Im Nu war ich ein sehr schlechter Schüler. Zum Glück bohrt sie aber nicht weiter:* »Dafür warst du eben schon damals ein guter Fan, oder?« *Guter Fan? Gute Frage! Während ich noch über eine Antwort nachdenke, hakt sie nach:* »Gibt's überhaupt einen perfekten Fan? Was zeichnet diesen aus?« *Und als ob sie die Frage nicht an mich, sondern an sich selbst gerichtet hätte, resümiert Nina das bisher Gehörte: Er malt das Vereinslogo auf seine Federmappe, verteidigt den Verein, wenn jemand schlecht über ihn redet, und gibt nach einem Sieg Pommes aus. Er zittert vor dem Radio und Fernseher mit, lässt sich durch eine Niederlage das ganze Wochenende verderben und kann jeden Torschützen der vergangenen Saison aufsagen.* »Das ist aber nicht alles«, *stellt sie selbst sehr richtig fest und blickt mich an. Exakt, das ist längst noch nicht alles. Aber was soll ich jetzt vorgreifen und ihr erzählen von unendlichen Auswärtsfahrten, Fanzines, Partys anlässlich von Aufstiegen oder Klassenerhalten? Soll ich ihr von Mitgliedschaften im Verein berichten, von Geldspenden und Wetten? Das wäre zu früh, zu viel auf einmal. Ich würde sie womöglich überfordern. Ich muss es einfacher machen. Was ist ein* »guter« *Fan? Ich glaube, alles fängt mit dem Kribbeln an.* »Kribbeln?«, *fragt sie. Ja, das Kribbeln vor dem Spiel. Vor der Auswärtsfahrt. Ich erklär es ihr.*

So ein leichtes Kribbeln ist schon den ganzen Tag da. Die Hände, ums Lenkrad geschlungen, sind schon wieder feucht. Die Autos vor, neben und hinter mir mit schwarz-weiß-blauen Aufklebern oder Wimpeln im Fenster häufen sich, auch die rotweißen Fans am Straßenrand. Es wird ernst. Dieses angespannte Treiben, dieses unhörbare Summen in meinem Ohr kann nur Fußball bedeuten. Ich bin, wir sind da. Das Herz schlägt schneller, eine unbeschreibliche Mischung aus Vorfreude und Furcht treibt es unaufhörlich an. Hinter dem Golf aus Gütersloh, auf dessen Dach die Insassen gerade ein Dutzend »Herforder-Dosen« aufstellen, ist noch eine Lücke.

Ich bin bereit für die Schlacht, weit weg von zu Hause, weit weg von der Alm. Eine Schlacht, die seinesgleichen sucht. Eine Schlacht, die nicht um Leben und Tod geht, aber beinahe, und die trotzdem Verwundete fordern kann. Es ist Freitagabend, 19 Uhr, das für mich letzte und größte Abenteuer unserer Zeit öffnet ein weiteres seiner unzähligen Kapitel. Hier und heute, Arminia spielt, und das macht alles anders: Das blechern aus der Ferne klingende Lautsprechergedudel erscheint mir wie aufpeitschende, nervöse Filmmusik, die das Blut des Zuschauers in Wallung bringt und den Spannungsbogen aufs Äußerste reizt. Die Luft um mich herum ist angereichert mit schweren Tabakschwaden und gleicht schwülster Witterung, die vom nahen Donnerwetter kündet. Und das Bier, lauwarm von der langen Fahrt, das ich hastig während des Fußmarsches hinunterschütte, schmeckt, wie es nur vor solchen Fußballspielen schmeckt: nämlich nach nichts. Meine Geschmacksnerven sind betäubt.

Ich könnte diese faszinierende Szenerie, die für mich so emotionsgeladen ist wie keine andere, endlos, nein: bis zum Abpfiff oder bis zur Rückfahrt im Auto, weiterspinnen. Es geht mir jedoch in dieser Schilderung um die Örtlichkeit der bevorstehenden Schlacht und wie der fremde Fan sie empfindet. Es geht mir darum, wie sich seine sonderbaren Gefühle noch steigern, wenn er es denn endlich erblickt, über und zwischen den hohen Bäumen: das Stadion. Gehört haben wir es ja schon, zumindest das sich in der leeren Schüssel brechende Scheppern der Lautsprecher, sehen konnte man bisher jedoch nur ein gleißendes Licht am langsam dunkler werdenden April-Himmel.

Wenn ich den ersten Flutlichtmast sehe, dann gibt es kein Zurück mehr: Bis hierher hast du dich gewagt, jetzt führ 's auch zu Ende. Es scheint mich anzuziehen, dieses magische Licht, das den Abendhimmel so unnatürlich erhellt und – so bilde ich mir ein – das ovale Betonrund damit unübersehbar für jeden im Weltall macht: hier und jetzt, der Mittelpunkt des Weltgeschehens, geballte Komprimiertheit tausender Kilowatt als Metapher für die komprimierte Brisanz des unmittelbar Bevorstehenden.

Natürlich lösen imposante, in den Himmel ragende Flutlichtmasten auch Angst aus, Respekt vor dem fremden Territorium, das man gleich betreten und eigentlich ohne ein Gastgeschenk abgegeben zu haben, auch wieder verlassen möchte. Natürlich sieht der Gast im gleißenden Weiß eine Warnung, einen alles andere als einen freundschaftlichen Empfang. Aber andererseits gibt es wohl kein Symbol wie das weit in die Nacht strahlende Flutlicht, das mir so unmissverständlich signalisiert: Hier bist du richtig, hier geht genau das ab, was dein Herz so hoch schlagen lässt wie nichts anderes auf der Welt. Die Schlachten deines Lebens, streng reglementiert, Anfang und Ende auf die Minute genau festgelegt, aber dennoch erbarmungslos und grausam. Immer wenn ich ein Flutlicht sehe, auch im Vorbeifahren an irgendeinem Bolzplatz in Oberbayern oder sonst wo, zucke ich zusammen. Dieses symbolträchtige Licht lässt mich nicht mehr, lässt keinen echten Fußballfan kalt.

Im Gegensatz zu solchen verborgenen Mechanismen, die nur mir selbst meine Fußball-Unterwürfigkeit signalisieren, gibt es jedoch auch ganz viele offensichtliche Anzeichen für die Fußballsucht. Signale, die jeder aufmerksame Mitmensch sehen oder hören kann, wie er auch sonst einen Blick hat für die Spleens seiner Bekannten. Spleens, das sind diese für einen Menschen oder eine bestimmte Gruppe typischen Sonderbarkeiten. Etwas, das den oder die Betreffenden vom Großteil der hier und jetzt die Mitwelt bildenden Menschen unterscheidet. Spleens, das können Charakterzüge, Sammelleidenschaften, Kommunikationsformen oder auch die Art und Weise sein, wie man Bier trinkt oder Pizza isst. Auffällig ist, dass diese Sonderbarkeiten gerne von anderen Menschen aufgegriffen werden, wenn man die entsprechende Person in besonderer Weise ansprechen will, sie Unbekannten vorstellt oder intime Kenntnis beweisen möchte. Und je weniger Spleens ein Mensch hat, desto heftiger fährt seine Mitwelt darauf ab. Bei unscheinbaren Zeitgenossen sucht man nicht selten nach irgendwelchen typischen, verrückten Merkmalen, die den Langweiler auch nur andeutungsweise aus seiner Gewöhnlichkeit herausreißen und muss dann resigniert feststellen, dass es nichts gibt. So kann es passieren, dass ein Geburtstagsjubilar, der zufälligerweise zweimal hintereinander an der Ostsee im Urlaub war und einmal unvorsichtigerweise geäußert hat, am Meer sei seine »zweite Heimat«, am Festtag mit Segelschiffmodellen, nachgebildeten Leuchttürmen und ganzen Küstenlandschaften im Kleinformat, mit Meeresbildern in allen möglichen Techniken und allen erdenklichen Formaten, Muschelkunstwerken, ausgestopften Fischen und Reagenzgläser voller Sandproben überschüttet wird.

Die Leidenschaft für einen Fußballverein ist ein gefundenes Fressen, wenn es darum gilt, die Lücken einer Charakterisierung zu füllen, so dass sie ein buntes, interessantes Bild des Betreffenden zeichnet. Dabei muss es natürlich gar nicht der geografisch exotische Club sein, der das Fan-Wesen eines Menschen als herausragendes Charakteristikum erscheinen lässt. Genauso entscheidend ist das Maß des Fan-Seins: Andrea und Jürgen zum Beispiel, Freunde von mir und beide besessene Fortuna-Anhänger, müssen sich nun einmal gefallen lassen, dass die Liebschaft mit F95 als ihr oberster und allererster Spleen gilt. Sie stechen aus der breiten Masse der hiesigen Fortuna-Fans ganz klar heraus und müssen dieser Sonderstellung nun auch genügen: Die Hochzeitsfeier der beiden konnte nirgendwo anders als in den VIP-Logen des Rheinstadions stattfinden, jeder hätte sonst (wenn auch nur scherzhaft) gefragt, warum sie ihren Bund der Ehe denn nicht am Ort des gemeinsamen Glücks wie auch der Trauer beginnen konnten. Okay, das Fan-Café wäre vielleicht auch noch in Frage gekommen, aber sonst höchstens noch bei (dem mit ihnen befreundeten Kult-Torhüter) Georg Koch zu Hause.

Wenn ich irgendwelchen Leuten die Geschichte von Andrea, Jürgen und dem Rheinstadion erzähle, schmunzeln sie meist.

Solch eine Schrulligkeit mögen die Menschen. Es gibt jedoch genauso auch Umstände, die dürfte man eigentlich keinem Menschen erzählen, zumindest keinem solchen, der nicht selbst auch Fußball-Fan ist. Er könnte einen nämlich für verrückt halten, oder wenigstens für psychisch krank. Was sollen Laien auch sonst denken, wenn sie einen erwachsenen Menschen wie einen aufgebrachten Tiger vor dem Küchenradio auf und ab trippeln sehen, der alle zehn Sekunden nervös auf die Uhr blickt? Sie könnten es nicht verstehen, dass dieser Mensch zittert, sein Herz rast wie beim ersten Kuss oder vor der mündlichen Examensprüfung. Einen Großteil seiner Mitmenschen könnte man tatsächlich nur verwirren, wenn man ihnen das Fan-Wesen zu detailliert schildern würde.

Ich erzähle deshalb auch nur ganz wenigen Leuten, dass so ein ganz kleiner Stich durch mein Herz geht und sich die freie Hand ganz leicht zur Faust ballt, wenn ich im Auto sitze und auf der A1 vor dem Kamener Kreuz das Hinweisschild erblicke, das den Autofahrer auf die demnächst kreuzende A2 aufmerksam macht: Auf diesem blauen Autobahnschild steht nämlich zum ersten Mal auf meiner Strecke zwischen Mettmann und meinem Ziel der Name »Bielefeld« ausgeschrieben. Als würde er mich grüßen, dieser Name dort oben auf dem Schild, als wäre er ganz speziell für mich dort hingeschrieben worden: »Halt durch, mach dir nichts aus dem schnarchigen Dortmunder, der da vor dir die linke Spur blockiert, bald bist du da, die halbe Strecke hast du schon geschafft!« Bielefeld, Arminia Bielefeld, ich komme!

Ähnlich ist es, wenn ich den Bundesliga-Almanach durchstöbere, den ich einmal in der Zeitungsredaktion aus dem Altpapier gerettet habe. Speziell bei Siegen, an die ich mich gar nicht mehr erinnern kann oder die vor meiner Fan-Karriere liegen, muss ich einfach innerlich jubeln. Gewonnene Spiele, die 40 Jahre oder länger zurückliegen und mir heute noch Freude bereiten, das ist etwas Tolles, sei es ein 3:2 gegen Schalke aus der Saison 78/79 zum Beispiel oder der 4:1-Sieg gegen Karlsruhe zwei Spielzeiten später. Wie schade, denkt man dann beim nachträglichen Jubilieren, dass man diese Erfolge damals noch nicht »live« miterlebt hat – um diesen Gedanken ganz schnell wieder zu verwerfen: Siege waren gerade in dieser Saison 80/81 gegenüber den Schlappen ganz klar in der Unterzahl. Es war vielleicht doch der klügere Entschluss, in dieser Zeit noch die unbeschwerte Kindheit zu genießen.

Das Wiederaufwärmen wunderbarer Siege, das Erinnern an schöne Stunden ist keine spezifische Eigenart von mir oder speziell von Arminia-Fans. Das machen auch Fans anderer Vereine gern. Die Fortuna-Fraktion in meinem Umfeld erzählte einmal unter prustendem Lachen, sie hätten sich auf Video das DFB-Pokalfinale von 1978 angeschaut und ausnahmslos alle bei den entscheidenden Fortuna-Treffern gejubelt, als wären die Tore eben erst gefallen. »Bekloppt, nicht?«, versuchten sie ihre scheinbare Abnormität zu untermauern. Ich fand das aber gar nicht bekloppt und konnte das gut nachvollziehen; ich war nur neidisch und sauer, dass ich solche Videos nicht auch von Arminia habe!

Ich, der Exot

Viele Fans sammeln leidenschaftlich »Souvenirs« und Daten ihres Vereins. Sie lernen alle Endplatzierungen von 1908 an auswendig oder kennen jeden Spielernamen. Gut zu wissen, was man liebt. Das stimmt natürlich. Ich selbst muss allerdings nicht jedes Detail der Vereinsgeschichte kennen, um mich mit ihm verbunden zu fühlen. Ich bewundere alle akribischen Anhänger und bin manchmal auch ein wenig neidisch darauf, dass sie alle »großen« und markanten Vereinsdaten wie etwa den Bundesliga-Skandal oder das 4:0 in München locker aus dem Ärmel schütteln können. Doch sehe ich diese Trittsicherheit auf den Eckpfeilern der Clubhistorie als nur *eine* Ausprägung gelebten Fußball-Fanatismusses an. Meine ist es nicht. Auch bin ich nicht der Anbeter des »Supports« im Stadion. Ich weiß, dass eine gelungene Intro-Inszenierung auf den Stehrängen für nicht wenige »Supporter« der Inbegriff des Fanlebens überhaupt ist. Sie bekommen weiche Knie beim Anblick eines Pyro-Feuerwerks und feuchte Augen, wenn Rauchschwaden durch den Block ziehen und den Blick aufs Spielfeld vernebeln. Jede Choreographie mit bunten Pappschildern oder Mülltüten muss im Bild festgehalten werden. Es gibt Fangruppen, die die gegnerischen Anhänger daran beurteilen, ob sie große Block- und Schwenkfahnen ausrollen oder umherschwenken. Und besonders fahren sie auf Doppelhalter ab. Jedes Exemplar im Block der Widersacher wird genauestens registriert.

Auch ich finde Supporte schön. Stimmung im Block ist gut und wichtig. Doch glaube ich nicht, dass wir dem Gegner anhand von Fahnen und Choreographien beweisen müssen, was für gute Fans wir sind. Wettbewerb unter Fußballanhängern ist albern. Nicht vergleichen oder abkupfern: Geh deinen eigenen Weg! Ich habe gut reden als Sonderling, der schon von seiner (Fan-)Natur aus eigene Wege geht. Denn der Exot ist interessant und prominent. Wer nackt durch die Gegend läuft, fällt auf, genauso wie der

Stammgast der In-Kneipe, der Zigarillos mit Mundstück raucht und immer nur Kamillentee trinkt. Denn er ist mit seinen Angewohnheiten und seiner Erscheinung alleine. Ob er will oder nicht: Schnell kennt man ihn, und er wird zum Gesprächsstoff.

Natürlich bin auch ich Exot. Als Arminia-Fan in einer rheinischen Kleinstadt mit überwiegend Fortuna-, Bayern-, Schalke-, Dortmund- und Mönchengladbach-Fans ist das nicht schwer. Allerdings sieht man mir diese Eigentümlichkeit nicht gleich an. Im Bekannten- und Kollegenkreis hat sich meine Sympathie für Arminia jedoch erstaunlich schnell herumgesprochen und prägt seit Jahrzehnten meinen Steckbrief. Nach meiner Charakterisierung gefragt, würden viele wahrscheinlich noch vor der Kategorie »Besondere Kennzeichen« antworten: Arminia-Fan, hoffnungslos besessener.

Hier bei uns, in der 40.000-Einwohner-Ortschaft bei Düsseldorf, rund 170 Kilometer von Bielefeld entfernt, wird man als Arminia-Fan schnell stadtbekannt. Das F95-, BVB- und Bayern-Fanvolk macht es möglich. Im Meer der Trendsetter sticht der Bizarre hervor. Dabei muss er sich gar nicht übertrieben hervortun. Nie würde ich hier etwa mit Stadionkutte und Arminia-Mütze herumlaufen, und ich bin auch nicht derjenige, der jeden Bekannten gleich in einen Fußballgespräch verwickelt. Mehr als der gewöhnliche Fußball-Anhänger tut der Exot auch nicht, um sich einen Sonderstatus als Fan zu sichern: Er bekennt sich stets zum Verein, präsentiert stolz das Vereinswappen auf dem Auto, hat ein Mannschaftsposter und ein Luftbild von der Bielefelder Alm im Arbeitszimmer hängen und bringt natürlich, so oft es möglich ist, den DSC in Fußballgespräche ein – das genügt. Sich zum Joggen über die Felder das alte Westfalenblatt-Trikot überzustreifen und dann die grübelnden Blicke der Spaziergänger zu genießen, macht zwar Spaß, ist aber gar nicht nötig.

Denn es ist allen, die mich kennen, offenbar faszinierend genug, dass ich als Rheinländer einen ostwestfälischen Durchschnittsverein liebe. Ob das Interesse für meinen Spleen alleine an der hiesigen Unpopularität des Clubs liegt? Dann müsste auch ein HSV- oder 1860-Fan hier allgemeines Erstaunen auslösen, denn diese gibt es in unserer Region ebenfalls so gut wie gar nicht. Ich glaube jedoch nicht, dass ich als HSV-Verehrer auf vergleichbare Aufmerksamkeit gestoßen wäre. »Na, wieder im Elbtunnel gesteckt?« Peitscht nicht halb so viel wie »War's schön im Stau auf der A2?« – die netteste Begrüßung morgens im Büro.

Bielefeld als Stadt ist allgemein sonderbar belegt: provinziell charmant, nicht überaus attraktiv, schrullig ist vielleicht das richtige Wort. Die unbeständige Fahrstuhlmannschaft passt dazu wie die Faust aufs Auge. Ein Blick in die Vereinschronik sagt eigentlich alles: Ein Verein, der seinen höchsten Auswärtssieg mit 4:0 bei (!) Bayern München feierte und dessen 1:7-Pleite gegen (!) Eintracht Braunschweig als höchste Heimniederlage in der Bundesligageschichte gilt, hat keine »vernünftigen« Fans verdient. So sehen es wohl auch die meisten meiner Bekannten; sie finden, dieser freakige Club passt zu mir und meinem Faible fürs Versteckte, Exotische und auf den ersten Blick Unattraktive. Mein Sinn für die Außenseiter und die Liebe zur Arminia – diese Kombination ist es wohl, die viele so interessant finden. Eine Liaison mit dem HSV oder 1860 wäre einfach zu glatt und weniger attraktiv. Nein, das würde nicht passen.

Sind also Arminia und ich füreinander bestimmt? Ich frage mich manchmal, ob mich damals nicht auch ein anderer Verein hätte verzaubern können. Noch einmal zur Erinnerung: Die Liebe kam aus dem Nichts, weder zur Stadt Bielefeld noch zum Verein hatte ich als 13-Jähriger eine Beziehung. Es schüttelt mich, wenn ich heute bedenke, was hätte passieren können. Da gab's damals nämlich noch einige andere sportlich eher bescheidene Vereine in der ersten Liga, Außenseiter eben, wie ich sie mag: Eintracht Braunschweig, zum Beispiel, oder Bayer Uerdingen. Oder Darmstadt 98. Warum habe ich mich nicht in Darmstadt 98 verliebt? Für diesen Club hätte neben seiner sportlichen Durchschnittlichkeit auch seine hier in der Region beinahe gänzliche Unbekanntheit gesprochen. Auch die Entfernung stimmt etwa: Mit 240 Kilometern ist Darmstadt weit genug entfernt, aber nicht unerreichbar. Angesichts der mehr als heutigen Situation der Lilien bin ich Amors Fußballabteilung jedoch heute sehr dankbar, dass dessen Liebespfeil mich damals verfehlte und mir eine hessische Fußball-Liebe erspart geblieben ist.

Ich glaube nicht, dass sich eine Liebschaft mit den Darmstädter Lilien als ein so typisches Charakteristikum durchgesetzt hätte, so wie es meine Arminia-Leidenschaft ist. Dass ich DSC-Fan bin, vergessen die wenigsten, auch diejenigen nicht, denen Fußball eigentlich egal ist. An diesen Spleen erinnert sich seltsamerweise jeder, manchmal sogar noch eher als an meinen Namen. So sprechen manche Bekannte mich auf das vergangene Arminia-Spiel oder die aktuelle Tabellensituation an, noch bevor sie mich begrüßen. Als ich in Hamburg einmal den Maler und Drehbuchautoren Ernst Kahl wiedertraf, den ich auf einem Seminar kennen gelernt hatte, fiel dem erst einmal nicht anderes ein als zu sagen: »Du, ich glaub' Arminia hat heut' verloren, nicht?«

Ich weiß nicht, wie viele Leute ich durch meine Liebe zu Arminia unfreiwillig dazu bringe, an mich zu denken. Vielleicht wollen die sich gar nicht an mich erinnern, wenn sie die Fußballergebnisse hören oder einen Spielbericht sehen. Aber sie können nicht anders, weil sie keinen anderen Arminia-Fan kennen. Mein geschätzter Kollege Oliver Wiegand, wie ich bei der »Rheinischen Post« tätig, hat es einmal ganz unbedarft und einfach auf den Punkt gebracht. Es war vor dem Heimspiel gegen Union Berlin, und ich hatte der gesamten Redaktion eine Woche lang von dieser Partie erzählt. Alle waren gespannt, wie das DSF-Spitzenspiel ausgehen würde. »Schon bemerkenswert, wie der Kanzler uns alle für Arminia Bielefeld sensibilisiert hat«, sinnierte Olly plötzlich. »Früher habe ich mich nie dafür interessiert, wie die gespielt haben. Aber ich kannte ja auch keinen Fan von Arminia.« Und spätestens seitdem weiß ich: Es stimmt, wenn jemand erzählt, er hätte für mich mitgetrauert beim Abstieg oder in Gedanken meine leuchtenden Augen gesehen beim 5:2-Sieg in Köln oder eben beim 4:1-Sieg gegen Union. Über meinen Verein halte ich sogar passiven Kontakt zu »verschollenen« Freunden oder

Bekannten. Meine engste frühere Kommilitonin Steffi etwa sah ich kürzlich auf der Nichtabstiegs-Party bei mir nach einem Jahr das erste Mal wieder. Dazwischen: kein Kontakt. »Aber ich habe immer an dich gedacht, wenn ich Arminia-Ergebnisse mitbekommen habe«, versicherte meine Lieblings-Mitstudentin.

Der zweite Arminia-Schub

Der zweite große Arminia-Schub meines Lebens kam in den 90er-Jahren mit der Regionalliga. Nie war die Liebe erloschen oder die Begeisterung für den Verein auf Null gesunken, aber die Neuzeit begann für mich nach der siebenjährigen Oberliga-Zeit. Im Post-Provinzialismus begannen die Lebensgeister sich wieder zu regen – wie bei vielen anderen DSC-Fans auch. Mit Thomas von Heesen kamen frischer Schwung, neue Hoffnung und Begeisterung. Plötzlich sprachen auch solche Leute von Arminia, die sich niemals für den Verein interessiert haben; vom möglichen Durchmarsch wurde da geredet. »Na klar schafft ihr das!«, waren sich mit einem Mal ganz viele Leute sicher, die zehn Jahre nicht mehr nach Ostwestfalen geschaut und sicher gedacht hatten, der DSC sei längst verschwunden wie der VfR »Oli« Bürstadt oder Tasmania Berlin.

Meine erste Begegnung mit der nun sehr hanseatisch durchsetzten Arminia und der neuen Dritten Liga fand in Essen statt, an der Hafenstraße, die beinahe so berüchtigt ist wie die in Hamburg. Es war mein erster Arminia-Besuch seit langer Zeit, und eigentlich war es Henning gewesen, der zum Besuch des Regionalliga-Spitzenspiels gedrängt hatte. Henning, ein Freund aus meinem Dorf, ist in Bielefeld geboren, was ihn nach wie vor mit Arminia verbindet – obwohl er eigentlich Fortuna-Fan ist. Das 0:1 beim RWE war das erste Arminia-Match, das ich zusammen mit Henning erlebte. Es folgten noch einige, vornehmlich in der Regional- und Zweitliga-Zeit. Ich war überglücklich, einen annähernd Gleichgesinnten im direkten Umfeld gefunden zu haben, einen, dem es Spaß machte, mit auf die Dörfer oder auf die Alm zu fahren, und den ich nicht erst mühsam überreden musste. Hatte Henning einmal kein Bock oder Geld, reichte zum Ködern das Versprechen aus, ich würde Eintritt plus Fahrgeld übernehmen. Genügte selbst das noch nicht, legte ich noch eine Stadionwurst drauf – und er kam mit. Zum Beispiel beim Zweitligaauftakt 1995, als der DSC mit einem Heimspiel gegen Lübeck (2:1) startete: Urplötzlich war der Kollege dann doch so kribbelig vor Vorfreude, dass er auf der A1 bei Hagen die Autofrontscheibe von innen eintrat. Jawohl: Er trat einfach die Scheibe ein. Schock! »Oh, das das wollt' ich eigentlich gar nicht!« Immer wenn ich heute an dem Tunnel vorbeifahre, denke ich an den längst legendären Fußtritt. Die Spuren in Form riesiger Risse fuhren noch monatelang mit dem Auto durch die Gegend. Der Wagen gehörte übrigens einem Bekannten. Wir mussten ihm erzählen, die Scheibe sei in Mettmann von irgendjemandem eingetreten worden. Zur Alm hätten wir mit dem geliehenen Wagen nämlich gar nicht fahren dürfen.

Henning war mit meinem rasant wachsenden Arminia-Fanatismus leider schnell überfordert. Bald fuhr ich daher allein zum Fußball. Ein glücklicher Umstand war die Bekanntschaft mit Andrea und Christian, einem Paar, das zum Studieren vom niederrheinischen Kaarst nach Bielefeld gezogen war. Ich hatte die beiden auf einer Party in Kaarst flüchtig kennengelernt. Nun intensivierte sich die Freundschaft. Christian, eigentlich auch Fortuna-Anhänger, begleitete mich jedes Mal zur Alm, wenn ich in Bielefeld war. Häufig blieb ich auch über Nacht. Es war geradezu berauschend für mich, die Alm so nahe zu wissen: Denn die erste Wohnung von Andrea und Christian lag in der Siechenmarschstraße. Nach dem letzten Regionalligaspiel gegen Trier (1:1) zogen alle Stadionbesucher auf dem Weg zur Aufstiegsfeier am Rathausplatz unter unserem Balkon vorbei – ein Schauspiel, das ich niemals vergessen werde. Später zog das Pärchen dann in die Voltmannstraße. Aber auch von dort aus konnten wir noch zu Fuß zur Alm gehen. Oder zurück, wenn der Bus in Richtung Am Brothagen wieder einmal nicht kam.

Andrea und Christian gehören zu meiner Arminia-Karriere wie Wolfgang Kneib, Stefan Studtrucker oder eben Henning. Die Besuche in Bielefeld wurden häufiger, bei den beiden Freunden konnte ich jederzeit unterkommen, auch wenn ich nur zur Jahreshauptversammlung in die Seidenstadt fuhr. Ich war nämlich mittlerweile Mitglied beim DSC geworden. Es ging nicht mehr anders. Es war immer stärker geworden, das Gefühl: Ich will ganz nah sein am Verein! Die Mitgliedschaft war logische Konsequenz. Seitdem bin ich beim Mustern meiner Kontoauszüge wenigstens zweimal im Jahr beglückt — immer wenn der Verein den Mitgliedsbeitrag abgebucht hat und wenn auf dem Papierchen ein großes »DSC Arminia Bielefeld« abgedruckt ist. Das tut gut. Doch ich grübelte weiter: Was kann ich noch für den Verein tun? Oder war es vielleicht eine andere Frage: Wie kann ich mich als Arminia-Fan noch stärker engagieren? 25 Jahre war ich mittlerweile, Student und junger Journalist. Schon in der Regionalligazeit hatte ich ein erstes Exemplar der »Halbvier« in die Hände bekommen, in der Zweiten Liga kaufte ich mein zweites. Anfang 1996 beschloss ich, dieses Fanzine zu unterstützen und meine Mitarbeit anzubieten. Als ich beim Doppelgeburtstag von Andrea und Christian zu Besuch war, trat ich erstmals mit »Halbvier« in Kontakt. Und so lernte ich Stefan Stricker, Philipp Köster (heute Herausgeber des exzellenten Fanzines »11 Freunde«) und die anderen vom »Halbvier-Team« kennen.

Stefan Stricker

Es gibt eine kleine Anekdote, vielmehr ein Gespräch, das sich ereignete, als Stefan Stricker einmal bei seinem »Halbvier-Kollegen« Andreas »Sixpack« und dessen neuer Freundin zu Besuch war. »Der Andreas, musst du wissen«, vertraute Stefan der Freundin raunend an, als dieser gerade einmal nicht im Zimmer war, »ist ja wirklich ein ganz besessener Arminia-Fan. Meine Güte, ist der fanatisch, da musst du echt aufpassen. So wie der am Verein hängt, da komm' ich echt nicht mit!« Sixpacks Mädel soll Stefan daraufhin mit großen Augen ungläubig angeschaut und entgegnet haben: »Ist ja komisch. Dasselbe behauptet Andreas immer von dir.«

Stefan Stricker – ein gemäßigter Fan? Er, der seinen Eltern nach 53 Jahren immer noch nicht ganz verziehen hat, dass sie ihn nicht Armin oder wenigstens Herrmann getauft haben? Er, der sich die Haare sicherlich schwarz-weiß-blau färben würde, wenn er noch welche hätte? Stefan Stricker ein gemäßigter Fan? Haha! Wem will er das denn erzählen? Stefan ist Armine durch und durch, mehr geht nicht. Woran zu erkennen ist, dass ein Fan das Äußerste, das Endstadium seiner Leidenschaft erreicht hat? Dann, wenn für Neutralität kein Platz mehr ist. Niemals würde Stefan etwa zugeben, dass eine Schiedsrichterentscheidung gegen Arminia berechtigt war. Während ich des Öfteren eingestehen muss, Elfmeter oder der Abseitspfiff gingen (leider) in Ordnung, käme Stefan dieses Eingeständnis niemals von den Lippen. Ginge es nach seinem Gerechtigkeitsempfinden, müsste Arminia grundsätzlich als Sieger den Platz verlassen. Ich glaube, selbst nach den 0:5-Niederlagen in Hamburg oder Dortmund hat Stefan Justitias Fußballabteilung hart ins Gericht genommen und über die schreiende Ungerechtigkeit dort steil unten auf dem Rasen geklagt. Und kein noch so mühsam dahingestolperter 1:0-Sieg unserer Arminia wirft für Stefan die Frage der Berechtigung auf: Bielefeld siegt, das muss so sein, das stimmt. »Alemannia hätte den Sieg nicht verdient, nicht einmal das Unentschieden«, so sein bitterböses, jedoch reichlich am Spielgeschehen vorbeigehendes Postskriptum einer E-Mail an mich.

Dieser übereifrige Arminia-Fan sammelt alles, was auch nur irgendwie mit dem DSC zu tun hat, Fangesänge im Stadion aufnimmt, um sie als Download-Datei ins Netz zu setzen und sich überhaupt viel zu viel Arbeit mit dem Verein macht. Als Gründer des »Halbvier«-Fanzines, das zu gestalten und zu vertreiben ohnehin schon mit viel Aufwand verbunden ist, musste Stefan seine Aktivitäten unbedingt auch noch auf das Internet erweitern. Und dann wurde er zu allem Überfluss zwischenzeitlich auch noch Leiter des Fanprojekts und Arminia damit zu seinem beruflichen Lebensmittelpunkt. Und spätestens seitdem ist Stefan, der Mann mit den drei verbliebenen roten Haaren, ein bunter Hund in Bielefeld.

Seiner Konzentration ist es jedoch nicht sonderlich zuträglich, dass ihn so viele Menschen kennen. Da überall, wo er auftaucht, mindestens drei Leute gleichzeitig etwas von Stefan wollen, hat er sich angewöhnen müssen, auf drei Ebenen gleichzeitig zu denken, etwa während der Jahreshauptkonferenz: Da muss er zum Beispiel am Tisch hinter sich einen Bekannten begrüßen und mit der zweiten Hand, während er sein Handy zwischen Kopf und Schulter geklemmt hat, Informationsblätter rechts und links weiterreichen. Und von allen Seiten prasseln Fragen auf ihn ein. Manchmal denke ich, so aufnahmefähig kann kein Mensch sein, dass er alle Anfragen, Bitten und Zurufe registriert, aber Stefan Stricker tut es, so geistesabwesend er auch manchmal wirkt. Irgendwann, nach drei oder sieben Minuten, wendet er sich dann doch zu mir um und beantwortet die von mir beinahe schon wieder vergessene Frage: »Äh, ja, ich glaube, Sackewitz war's. Sackewitz oder Schock.«

»Ist der verrückter als du?«, unterbricht Nina meinen Monolog. Ja, aber auf eine ganz andere Art. Er investiert zum Beispiel viel mehr Zeit in seine Arminia-Liebe als ich. Dafür leidet er nicht so sehr wie ich. Glaub' ich zumindest. Ich halte inne: Wie will

ich das eigentlich wissen, ob andere Arminia-Fans sich mit dem Club nicht genauso quälen? Nur so viel steht fest: Jeder Fan tickt anders. Liebt, leidet anders. Aber Lieben und Leiden – das sind die Schlüsselkategorien des Fan-Seins. Mit ihnen muss jeder Fan umgehen. Was er dann daraus macht, ist seine Sache. »Was soll er denn daraus machen?«, fragt mein Gegenüber. Na, glücklich werden eben. Oder depressiv. Lieber glücklich natürlich. »Bist du denn glücklich?«, fragt sie plötzlich. Reflexartig will ich antworten, schweige aber. Muss sie denn solch schwere Fragen stellen? Warum will sie denn nicht lieber wissen, wer Sackewitz ist? Warum fragt sie ausgerechnet nach Glück? Sie verlangt zu viel: »Sind Arminia-Fans glücklich?«

Sind Arminia-Fans glücklich?

Glück gilt als schwer zu messen, viel schwerer als beispielsweise Fieber oder das (heutige) Gewicht von Frank Pagelsdorf. So manches Mal haben wir uns im Methodenunterricht an der Uni Gedanken darüber machen müssen, wie wir dieses Gefühl wohl operationalisieren, fass- und messbar machen würden. Was ist Glück, wann und in welchen Momenten fühlt man es? Beim Küssen, heißt es, durchströmt einen dieses Gefühl in seiner wohl reinsten Natur, hormonell. Klar, beim Geschlechtsverkehr auch, da strömt es vielleicht sogar noch anschaulicher. Ein unerwarteter Gewinn, das erfolgreiche Bewältigen einer schweren Aufgabe, das Bestehen der Methoden-Klausur – alles erlebte Glückseligkeit. Um Glück festhalten und in einem Erhebungsbogen abfragbar zu machen, muss man das Gefühl auf konkrete Situationen und Momente reduzieren. Momente, in denen ein Mensch Glück intensiv spürt, ihn diese berauschende Regung regelrecht wie ein Schauer durchfährt. Der lang ersehnte, intensive Kuss eben, wenn zwei Zungen endlich und für Stunden miteinander verschmelzen. Ich würde bestätigen, dass ein Mensch in solch einem Moment Glück in seiner konzentriertesten Form verspürt.

Es gibt aber noch komprimiertere Glückseligkeit. Beim 1:0-Treffer von Stefan Kuntz zum Beispiel, in der 12. Minute. Auf fremdem Terrain, nämlich im Müngersdorfer Stadion zu Köln. Der Anfang der schon legendären Fünfer-Serie beim großen »Effze«, ein Moment süßester Befriedigung, berauschende Sekunden, in denen die Zeit tatsächlich still zu stehen schien: Wie aus dem Nichts heraus ein Schub, der das Blut in Wallung bringt und einhergeht mit heftigster, von Null auf Hundert gepeitschter Erregung, die sich in den nächsten Sekundenbruchteilen rasant noch auf das Zehnfache steigert. Die Flanke von links, beinahe lässig sogar in die Mitte vor dem Strafraum geschoben, wo Kuntz plötzlich alleine vor Torhüter Krafft auftaucht. Auch in ihm müssen sich innerhalb von Sekundenbruchteilen sonderbarste Gedanken abgespielt haben, da er die Gegenspieler herannahen sah und abschätzen musste, ob er das Leder direkt nehmen oder doch lieber stoppen sollte. Dies nicht zu tun, und zudem noch auf eine solch lässige Weise, die den Ball nämlich eine Flugbahn einschlagen lässt, die zuerst auf ein ganz klares Verfehlen des Zieles hindeutet, dann aber doch Meter vom völlig verdutzten FC-Keeper entfernt den linken Winkel passiert und beinahe behutsam ins Netz eintaucht – das hat uns alle im Gästeblock doch mächtig imponiert und fasziniert. Schon wieder in Führung auf fremdem Platz, noch dazu so früh und so elegant! Der Klassenerhalt war mit einem Mal ganz nah vor Augen, so nah, dass man ihn mit einem Mal fühlen konnte, wie er durch alle Adern strömte. Und so ein Klassenerhalt, das könnt ihr mir glauben, fühlt sich verdammt gut an. Wie Glück eben. Ja, ein Klassenerhalt, auf den Moment des rettenden und dazu noch schönen Treffers reduziert, ist pure, ist reinste Glückseligkeit.

Ich erinnere mich an andere Momente im Stadion, die derart heftige Regungen in mir bewirkt haben, dass ich meinen Gefühlshaushalt auch nach Jahren noch bestens rekonstruieren kann: Als Georg Koch in der 89. Minute auf Sankt Pauli den Elfer hielt und den 2:1-Sieg rettete, zum Beispiel, da sprang ich ganz reflexartig einem mir unbekannten Mädchen (in das ich mich sogar ein wenig verliebte) um den Hals, so toll, so erlösend war das damals. Ja, in jenem Moment waren wirklich alle anderen Probleme dieser Welt ganz, ganz fern. Oder Ali Daeis Treffer zum 3:1 gegen Gladbach auf der Alm, die Krönung eines tollen Spiels; dieser finale Triumph, vom sich überschlagenden Stadionsprecher und der tobenden Masse noch angeheizt, ließen mir kalte Schauer den Rücken herunterlaufen. Und die entsprangen diesmal wirklich nur meiner Gefühlswelt und kamen nicht daher, dass wir vielleicht unbedacht standen und irgendein Trottel von Hintermann mit seinen Regenschirm wieder einmal so bescheuert herumgefuchtelt hatte wie damals gegen Hertha oder Unterhaching …

Schönste Zeit

Momente des Glücks, Stunden, Tage. Gab es auch längere Phasen der Glückseligkeit, über Wochen und Monate? Zumindest gibt es Zeitabschnitte, die im Nachhinein als die schönsten empfunden werden. An einen ganz bestimmten Frühling denke ich besonders gerne zurück. Der Frühling ist ganz allgemein die beste Fußballzeit. Er bringt eine Aufbruchsstimmung mit sich, wenn er kommt und noch knapp zwei Monate Zeit bleiben bis zum Saisonende. Die Märzsonne, hell und freundlich, aber noch nicht allzu warm, ruft auf zum Endspurt. Der Sprint auf der letzten Graden Richtung Saisonziel wird begleitet von Helligkeit und belebender Wärme. Mit dem Frieren und Zittern (vor Kälte) auf den Stadionrängen ist Schluss. Ein trockener, wolkenfreier März- oder April-Samstag – die allerbeste Zeit für ein Fußball-Match. Und wenn die Wiesen schon blühen und die Luft erfüllt ist von einem emsigen Summen, dann ist die rastlose Stimmung perfekt.

Es summte von überall her. Aus den Toreinfahrten, von den Dächern, aus Vorgärten in der Stapelbrede. Dorthin, weit draußen in Schildesche, hatten Henning und ich uns aufgemacht. Henning hat dort einmal gelebt. Viele Jahre war er nicht dort gewesen. Nun kam er nach langer Zeit wieder einmal wieder zurück in seine alte Heimat, und was er vorfand, war eine äußerst kribbelige Siedlung. So kribbelig und summend hatte er Schildesche nicht in Erinnerung, so hatte er den Ort vorher noch nie erlebt. Die Stimmung im verschlafenen Dorf war geladen – wie in der ganzen Stadt.

Ich weiß nicht, ob das auch ein Nicht-Fan gespürt hätte. Es war nicht so, dass am Morgen schon Arminen in voller Stadionmontur durch die Straßen zogen. Keine verfrühten Rot-Weißen, keine Reisebusse oder Ford Sierras mit E-Kennzeichen. Aus keiner schummrigen Kneipe klangen erste Schlachtgesänge, nicht einmal vereinzeltes Grölen war zu hören. Nichts, nichts derglei-

chen, das auf das brisante Fußballspiel am Nachmittag hinge-
wiesen hätte. Nur dieses Summen, dieses permanente Summen,
das nur Fußballfans hören können. Ich bin mir sicher: Jeder vernahm es, der an diesem Tag dem Spiel entgegenfieberte. Und
obwohl noch in neutralem Dress, erkannten sich die Arminen
an diesem Morgen gegenseitig. Mir war, als hätte der ein oder
andere, der dort in der Stapelbrede sein Auto wusch oder den
Rasen mähte, mir kurz und kaum merklich zugezwinkert. Und
einer sprach uns tatsächlich an: »Gewinnen sowieso heute!« Es
war einfach nicht zu übersehen, unsere Gesichter, unser Gang
verrieten die Spannung, die es nur vor einem Fußballspiel gibt.

Verwöhnt von der Märzsonne, ging's es über die Wiesen zurück in die City. Bielefeld kann sehr schön sein. Schade, dass
mir das fast nie auffällt, weil ich eigentlich immer angespannt
und nervös bin, wenn ich mich dort aufhalte. Eigentlich ging es
mir auch erst lange im Nachhinein auf, dass dieser Samstag ein
optimaler Spieltag, eben einer jener klassischen Frühlingswetter-
Fußballtage war. Und es ist kein Geheimnis, dass dieser Tag auch
alles weitere hatte, um ihn für jeden Arminen zu einem ewig
unvergessenen Fußball-Highlight zu machen. An kaum einen
Sieg denke ich häufiger und lieber zurück. Mir laufen heute noch
Schauer den Rücken hinunter, wenn ich die wackelig moderierte
WDR-Zusammenfassung des Spiels auf Video anschaue. Vier
Tore für die Ewigkeit waren das damals. Fast ein Ausgleich für
jene anderen vier legendären Tore aus München, die ich 1978
leider, leider verpasst habe. Weil ich damals noch kein Fan war.

Auch wie oft Arminia schon Weltmeister war, hab' ich vergessen.
Aber an die anderen großen Erfolge kann ich mich genau erinnern. Von 1981 bis 1984 war der Verein drei Jahre lang am Stück
in der ersten Liga. Dass diese Zeit für Arminia die erfolgreichste
in meiner bis dato 17 Jahre währenden Fan-Biografie war, konnte
ich damals noch nicht wissen. Leider. So waren es neben besonders spektakulären Siegen die Aufstiege in den 90er- Jahren, die
ich persönlich als größte Triumphe verbuchte. Bescheidenheit

ist eine Zier. Und Arminia-Fans sind gezwungen, sich besonders hübsch zu schmücken.

Aber wirklich: Werde ich nach der schönsten Zeit meiner Fan-Karriere gefragt, nenne ich die Zweitliga-Saison 95/96. Es war Sommer, der wärmste und schönste seit langem, und Arminia gerade zurück im bezahlten Fußball. Alles, alles war gut. Eine herrliche Regionalliga-Saison lag hinter uns, und die Schwarz-Weiß-Blauen legten in der zweiten Liga gleich wieder mächtig los. Es war die Zeit der Grillpartys, Biergartenabende und – Siege.

Die Mädels lächelten. Süß war die Luft. Und obwohl ich die ganzen Semesterferien durchmalochte, war er herrlich, dieser Sommer. Nichts habe ich hinterm Steuer des klapprigen Transporters versäumt, in dem ich Regale durch die Gegend fuhr. Fernweh, Sehnsucht nach Urlaub kannte ich nicht. Was hätte ich in entlegenen Ferienparadiesen verloren gehabt? Für alle Arminen war es eine geradezu sensationelle Zeit: Nach sieben Jahren in der Amateurklasse war der Verein zurück im Profigeschäft und führte gleich die Tabelle der zweiten Liga an. Was für ein Gefühl! Allein der Gedanke an das Tabellenbild ließ mir einige Male einen kalten Schauer den Rücken hinunter laufen. In den alltäglichsten Situationen versetzte mir der Gedanke an Arminia plötzlich einen Stich durchs Herz. Es war schaurig schön. Einmal, erinnere ich mich, marschierte ich durch die Fußgängerzone und musste mit einem Mal mechanisch die Faust ballen, weil ich gerade eben wieder vor meinen geistigen Augen die nüchterne »Bild«-Tabelle sah: »1. Bielefeld« – so knapp fasste das Blödenblatt das bewegende Zeitgeschehen zusammen.

Selten war ich so stolz wie damals. Nur wenige Momente meines Lebens sind mit dieser Situation, diesem über Wochen anhaltendem Glückszustand vergleichbar. Es war die Zeit des Pokalsiegs über den HSV, nach dem ganz Deutschland von Arminias Renaissance sprach. Vier Tage später gewann das Team 1:0 gegen Hertha auf der brechend vollen Alm. Gleich von der Arbeit aus war ich an diesem Dienstag aus nach Bielefeld geeilt, ohne Brille, nicht mal meine blau-weiße Kappe hatte ich dabei. Dabei wäre die bei diesem bemerkenswerten und regenüberschütteten Spiel sehr nützlich gewesen. Und am Freitag darauf gewannen die Blauen in Nürnberg. Das Ergebnis erfuhr ich erst am Samstagmorgen aus der Zeitung. Alle möglichen Resultate waren mir bereits im Traum durch den Kopf geschwirrt, aber nicht jenes tatsächliche 2:0. Spätestens nach diesem Spiel war jeder Armine Uli-Stein-Fan. »Uliiiiii!« schallte es die gesamte Saison über, ein Schlachtruf, der heute für ganz eng mit Erfolg und der Leichtigkeit des Fußballseins verbunden ist.

Obwohl die Zweitligazeit 98/99 erfolgreicher und die Mannschaft souveräner war, habe ich die Saison 95/96 in besserer Erinnerung. Es war das Neue, die Rückkehr aus der Bedeutungslosigkeit, die uns blind machte für die weniger gelungenen Momente auf dem Spielfeld. Das Gefühl der Auferstehung versüßte uns manch schwachen Kick. Im Gegensatz zur Saison 98/99 war der Status Zweitligist verglichen mit dem Vorjahr zweifellos ein Erfolg, eine Verbesserung. Dass man anders über Tore und Siege unter objektiv beschwerten Bedingungen jubelt als über Erfolge, die zu erzielen man angesichts schwächerer Gegner ja geradewegs verpflichtet zu sein scheint, müsste jeder einsehen. Obwohl: Nach endlos vielen Niederlagen mit der konsequenten Folge des Abstiegs endlich wieder gewinnen zu können, hat für den gebeutelten Fan auch einen erlösenden Reinigungseffekt, wie die klassische Katharsis im griechischen Drama.

Deswegen war auch das Jahr nach dem insgesamt vierten Bundesligaabstieg eine tolle Zeit. Alles, was wir eine Saison entbehrt hatten, wurde uns zuhauf geliefert: Tore, Siege, schöne Spiele. Und Bruno Labbadia. Es war Brunos Saison. Kein anderer deutscher Fußballprofi schoss in dieser Spielzeit so viele Tore wie der »Ballermann«. Seine Pistolero-Pose, die gespreizten Daumen und Zeigefinger, wurden zum Symbol für die wiedererstarkte Arminia. Unvergessen auch Labbadias Auftritt im Heidewaldstadion: Die Bilder, wie er nach dem 2:0 die große Arminia-Fahne auf dem Boden küsste, gingen um die Welt. Naja, beinahe wenigstens. Für mich waren dies zumindest die Bilder der Saison. Tage wie jener, an dem Gütersloh fiel, gehören deswegen zu den Glanzpunkten meines Lebens. Und sollte ich einmal Enkelkinder haben, werde ich ihnen sicher von Bruno, dem Pistolenheld, und seinen Taten im Heidewald erzählen.

Außer Zweifel: Das waren Glücksmomente. Aber es gibt nicht viel zwischen Glück und Trauer. Nur Oben und Unten, Sieg oder Niederlage. Die furchtbarsten Spiele meines Lebens? Warum sollte ich mich weigern, sie ins Gedächtnis zurückzurufen? Je länger sie zurückliegen, desto leichter fällt die Erinnerung. Natürlich werden nicht die Details klarer. Aber der Schmerz kühlt ab, langsam, jedoch stetig. Ein Trauma für jeden Arminia-Fan war die 1:11 Niederlage gegen Dortmund im Herbst 1983. Die Rekord-Klatsche brach damals über mich herein wie eine echte Katastrophe. Heute sehe ich darin eher einen historischen Meilenstein der Vereinsgeschichte. Ich muss allerdings dazu sagen, dass ich die Mutter aller Niederlagen nicht live miterlebte, sondern nur die Zusammenfassung im Fernsehen sah. Vielleicht würde mir auch heute noch ein Schauer den Rücken hinunterlaufen, wenn ich die elf Gegentreffer »am eigenen Leibe« zu spüren bekommen hätte. Aber ich kann mittlerweile die Vereinsstatistik, in der das Rekordergebnis zwangsläufig erscheint, ohne ein flaues Gefühl im Magen ertragen.

Tiefer sitzt der quälende Stachel, wenn ich an Unterhaching denke. Es sollte ein lustiges Oktoberfest werden, damals im Herbst 1995, und es wurde ein Trauma. Regen, Kälte – Unterhaching. Schlimm waren schon die drei Gegentreffer, die uns von der Tabellenspitze kegelten. Schlimm war auch das schadenfrohe Gegreine der Freunde, die sich nach vier, fünf Maß Bier bereits von Fortunas Niederlage bei 1860 einen Tag zuvor erholt hatten, als auch ich endlich im Oktoberfest-Zelt eintraf. Aber nichts ist so schlimm wie Unterhaching selbst: ein Ort wie Zahnweh, orientierungslos dahingewürfelt zwischen Alpenvorland und Isarmetropole, kein Halt, nichts Aufmunterndes, nichts. Dörfliche Provinz wäre übertrieben: Hier zu verlieren, als Spitzenreiter unter die Räder zu kommen, das ist schlimm. Ich war mit Matthes dort. Ach, meinen baumlangen, spindeldürren Kumpel hab' ich noch nicht vorgestellt? Wird nachgeholt, versprochen. Zurück zum Haching-Spiel: Das dritte Gegentor bekam ich nicht mehr mit. Zusammen mit Matthes war ich bereits auf dem kilometerlangen Fußweg zur erbärmlichen Bimmelbahn, als wir aus der Ferne noch einmal so etwas wie ein Jubeln vernahmen. Der nächste Tag war Grübeln. Sechs Stunden lang, auf der gesamten Rückfahrt, nur ein Gedanke: Wie konnte das nur geschehen? Und es gibt eigentlich nur eine denkbare Situation, in der der Stachel der sprachlosen Enttäuschung noch tiefer sitzt.

Heimniederlage

Den Blick zum Boden. Hosenbeine und Schuhe vor mir, neben mir, lethargischen Schritts bewegen sie sich vorwärts. Das Eisentor hinter der alten Stehtribüne, dieser schmale Durchgang, seit der Schließung des Hauptportals einziger Ausgang für die halbe Besucherschaft, scheint heute besonders eng zu sein. Müde Schritte, ein Berg leerer Dosen »Herforder« links auf dem dreckigen Grünstreifen, eine zerrissene »Almpost«. Bratwurst- und Zigarettengeruch liegt immer noch in der Luft, sonst durchaus angenehm, weil zur unverwechselbaren Stadion-Atmosphäre dazugehörend, doch jetzt abgestanden, kalt und schwer. Würde man hochschauen zum Himmel, dann sähe man graue, trostlose Herbstwolken, die sich zusammenziehen und von der Dunkelheit künden, die nicht mehr weit ist. Heimniederlage.

Im Trott geht's weiter über den Stadionparkplatz hinweg. Gesprächsfetzen, Spielanalysen, nicht mehr als beschämte Versuche. »Also in der ersten Halbzeit …, die Einwechslung war nicht gerade …, im Mittelfeld hätte man mehr …« Schluss damit! Ich will nichts hören. Auch nicht *die* da hinten, die immer noch in ihrem Block singen und feiern. Seid endlich ruhig!

Was soll man sagen? Jedes Wort ist überflüssig. Mein Nebenmann, Freund Christian, bei dem ich heute übernachten werde, spürt das, bleibt angenehm stumm. Müde Schritte, gleichmäßig im Trott, den Blick zum Boden. *Die* da hinten singen noch immer. Schnell, schnell weiter!

Gehen wir zu Fuß, oder nehmen wir den Bus? »An der Schloßhofstraße müsste gleich einer kommen«, sagt der Freund. Beeilen wir uns, es geht nicht anders, wir müssen wieder an der Alm vorbei, trotten dahin auf der Melanchthonstraße, zum Glück ist von dieser Seite aus nichts von *denen* zu hören. Der Kreisverkehr, mein schöner Kreisverkehr! Auf der Mauer sitzen zwei Teeny-Mädchen mit schwarz-weiß-blauen Schals, der Farbkontrast, das Grün-Weiß der drei Polizei-Bullis, ist nicht mehr wahrnehmbar, verschwimmt in der einbrechenden Dämmerung. Ich will es nicht, stemme mich dagegen, doch die Gedanken gehen zurück zum Spiel. Warum nur dieses blöde Kopfballtor von Sergio? Das war wieder sooo etwas von überflüssig, dass … »Pizza oder ins Kartoffelhaus, nachher?«, lenkt Freund Christian wie auf Kommando ab, als hätte er meine Gedanken gelesen. Kartoffelhaus, ich geb' aus, hab' ich ja versprochen. Es geht schon wieder ein bisschen besser. Wenn wir bloß vor *denen* da sind!

Kein Wort über Fußball heute mehr! Gleich rein in den Bus und dann raus, raus in die Voltmannstraße. Wann kommt nur der Bus? Man kann *sie* wieder hören, oh nein, *sie* kommen. Ich will *sie* nicht hören, noch weniger sehen. Bitte, lass den Bus kommen. »Nicht, dass die den wieder umgeleitet haben.« Ein Dutzend anderer Blau-Weißer wartet ebenfalls an dieser verdammten, unglückseligen Haltestelle, stumm, und das Unbehagen wächst auch in ihren Gesichtern, als die Bayer-Fans näherkommen. Warum nur müssen die hier vorbei, warum können die nicht zur anderen Seite raus, warum gibt's die überhaupt? Hass. Hass, gegen den ich machtlos bin, Verachtung, Trauer. Warum kommt unser Bus nicht? Sie ziehen triumphal vorbei auf dem Weg zu ihren Charterbussen, 200 Bayer-Fans, vielleicht auch nur 150. Sie singen und provozieren. Das Tüpfelchen auf dem i, warum musste das passieren? »Keine Punkte, keine Stimmung, DSC, keine Punkte, keine Stimmung …«. Höhnische Blicke begleiten den Spottgesang, eindeutig an uns gerichtet, das tut weh, die Rot-Weißen – und das ist das eigentlich Traurige – erreichen, was sie mit ihren Demütigungen bezwecken. Und es reicht nicht einmal mehr zu ein paar Widerworten, keine Gegenwehr, genau wie vorhin auf dem Platz. Geht, verschwindet, lasst uns mit unserem Schicksal allein! Jeder Meter, den sie sich entfernen, bringt Erleichterung. »Der Bus kommt wohl nicht mehr, lass uns gehen«, sagt der Freund. Also gehen wir.

Nein, mit Glück hat diese bittere Erinnerung an den Herbst 1996 nichts zu tun. Aber immerhin fing der Verein sich noch vor der

Winterpause und machte einiges schon verlorene Land wieder gut. Reiht sich jedoch gerade in dieser trüb und kälter werdenden Zeit ein Akt der Erfolglosigkeit an den anderen, ist es bis zur Herbstdepression nicht mehr weit. Und dieses kontroverse ostwestfälische Wetter tut sein Übriges dazu.

Nach Regen, sagt man, kommt Sonne. Das muss aber nicht unbedingt so sein. Nach Regen kann auch erst einmal Nebel kommen, dann folgen Glatteis, Hagelschauer, ein Schneesturm, es gewittert und beginnt wieder zu regnen. Bis sich wirklich irgendwann wieder einmal die Sonne durch die grauen Wolken gekämpft hat, können noch viele Nebeltage ins Land gegangen und Graupelschauer gefallen sein. Nach Regen kommt Sonne, das ist reine Statistik. Sicher, die Rechnung mag irgendwann aufgehen, doch kann man gerade jetzt in der Winterpause 1999/2000 mächtig daran zweifeln. Seit Wochen, seit Monaten schon: zu wenig Wärme, zu wenig Licht. Eben nicht nur das der Sonne, das dieser Tage immer weniger wird, ist damit gemeint, sondern auch und besonders das sprichwörtliche Licht am Ende des Tunnels. Jedes Wochenende zerplatzen Hoffnungen und werden auf den nächsten Spieltag verschoben, Enttäuschungen kumulieren sich mit jedem Abpfiff, sammeln sich nach und nach zu einer großen grauen Wolke. Die Entlastung, das Erfolgserlebnis fehlt. Die Tage werden kürzer und die Nächte länger. Herbstdepression.

Sonne, Licht tanken, soll dagegen helfen. Eine Portion UV-Strahlen, sagen die Ärzte, gibt Kraft und lässt einen gewappnet gegen die keinesfalls vertriebene Dunkelheit wieder auf die Straße treten, zurück in die dunkle Nacht. Nach jedem Sieg kommt irgendwann die Niederlage, sie lässt sich leichter verkraften mit einem Erfolg im Rücken. Auch kommt folgerichtig nach der Niederlage irgendwann der nächste Sieg, nur wann? Wann? Das Warten fällt schwer und wird mit jeder Niederlage schwerer. Der Erfolg im Rücken, die Punkte aus den zurückliegenden Siegen sind längst aufgebraucht. Licht tanken, Energie tanken, damit die Lichter nicht ausgehen.

Wo bleibt die Verschnaufpause zum Aufwärmen? Dieser Herbst hat es wirklich in sich. Da ist der Ball, der nicht ins Tor des Gegners will, und da sind noch andere Dinge von Bedeutung, die ganz anders laufen sollten. Und diese Sollbruchstellen des persönlichen Wohlbefindens haben auch noch wechselseitig miteinander zu tun.

Eine Kollegin vom Konkurrenzblatt hat es geschafft und mich mit in die Disco gelockt. Hierhin mitzugehen hat mich viel Überwindung gekostet, das spricht sowohl für die unsympathische Atmosphäre dieser Radau-Bude als auch für sie, die mich hierhin mitgenommen hat. Die ersten Treffen, das kennt man, finden an neutralen Plätzen statt. Nun ist es aber an der Zeit, sie auch mit intimeren, persönlicheren Orten bekannt zu machen. Und da sie zudem auch bemängelt, ich würde mir mein Unbehagen hier in der Disco zu sehr anmerken lassen, schlage ich ihr spontan vor: »Ich nehm' dich nächsten Sonntag mit auf die Alm nach Bielefeld, da kannst du dann 'mal erleben, wie das ist, wenn ich so richtig aus mir 'rauskomme!« Stille, bis auf das tosende Uffz-Uffz aus den Boxen natürlich, ihre Augen flackern entgeistert im bunten Disco-Licht, als hätte ich sie zur Besichtigung des Elektrischen Stuhls in San Quentin überreden wollen. Für sie scheint letztere Möglichkeit tatsächlich dasselbe zu sein wie die tatsächliche Einladung: Auf keinen Fall würde sie mit auf die Alm kommen, macht sie mir irgendwie verständlich. Ich schaue natürlich enttäuscht drein, sie brüllt mir ins Ohr. »Hast du wirklich geglaubt, ich würde mit zum Fußball kommen? Ich hasse Fußball, ich hasse ihn!« Ich antworte nicht, mir fällt nichts ein, ein trauriges Gesicht ist alles, was ich diesem Affront entgegenzusetzen habe. Das ging entschieden zu weit, nämlich gegen Arminia, und gegen Arminia ist auch immer gleichzeitig gegen mich. Okay, das kann sie so vielleicht nicht wissen, nicht nachvollziehen, aber so fahrlässig verletzt man keine Gefühle, überfährt man keine Liebe. Sie oder Arminia? Die Antwort ist schneller gefunden, als ich gedacht habe: Als sie auf Toilette oder an der Bar ist, mache ich mich still und heimlich auf und davon, ohne Auf Wiedersehen, ohne Goodbye. Ich ging hinaus in die dunkle Nacht, dorthin, wo es am Finstersten ist, wo die Höllenhunde heulen und mit ihren Ketten rasseln, dorthin ging ich, allein, mit meinem gebrochenen Herzen.

Und die Frage quälte mich tagelang: Woher kommt der Hass? Der Hass vieler Frauen auf den Fußball, woher kommt er bloß? Ist er genetisch bedingt? Einen geschlechtsspezifischen, sogar sehr geschlechtsspezifischen Aspekt kann ich sogar nachvollziehen: Während der Halbzeitpausen in den Stadien verflucht es manche Frau, eine solche zu sein, und kaum ein Mann kann sich das Grinsen verkneifen, wenn er einen großen Bogen um die Schlange vor der Damentoilette schlägt und problemlos »seinen« Bereich betritt. Ich hab's noch nie überprüft, aber höchst wahrscheinlich kürzt auch keine Dame das Warten ab, indem das Waschbecken als Toilette missbraucht wird, wie es ja bei den Männern nicht selten der Fall ist. Aber wie sähe das bei den Mädels auch aus!

Sie war jedoch noch nie im Stadium, kann diese misslichen Umstände also gar nicht kennen. Frauen hassen auch Fernsehfußball, jedenfalls die, die ich kenne. Oder wie sonst ist zu erklären, dass eine ehemals Favorisierte mitten während des WM-Länderspiels USA-Iran den Fernseher ausschaltete und mir umständlich zu erklären gab, es könne und werde wohl doch nichts werden zwischen ihr und mir, dem hoffnungslos Fußball-Besessenen (Nein, nein, Letzteres hat sie so nicht gesagt, aber dass für mich zwischen Situation und Tragweite ihrer Entscheidung ein Zusammenhang besteht, ist doch wohl klar.)

Übrigens: Jene Sie aus dem WM-Sommer 98 habe ich kürzlich übrigens wiedergetroffen. Natürlich hasst sie Fußball noch immer, natürlich ist auch sie niemals mit auf die Alm gekommen. Aber liegt's vielleicht an der Alm-Postkarte, auf der ich ihr damals einen letzten Gruß zukommen ließ, dass sie sich seltsamerweise an Arminia erinnern kann? Und mehr noch, über Arminias aktuelle Lage bestens informiert scheint? »Aufgestiegen seid ihr ja, aber nun geht's wohl wieder nach unten, was?«, hält sie mir vor. »Solltet euch schleunigst Otis mit ins Sponsoren-Team holen.« Otis, überlege ich kurz und begriffsstutzig, »das ist doch ein Fahrstuhl-Hersteller!« Sie lächelt. »Eben«, sagt sie, und ich begreife. Ich lache. Witze, geht es mir spontan durch den Kopf, sollen gegen Herbstdepressionen ja auch ganz gut sein.

Warum lacht sie nicht auch? Fast eine Minute lang bleibt sie stumm. Mein zuletzt geschildertes Erlebnis scheint sie doch sehr nachdenklich gemacht zu haben. »Wie ist das denn überhaupt mit den Mädchen? Du hast noch fast nichts über Freundinnen und Frauen erzählt«, konfrontiert Nina mich. Recht hat sie. Aber in der ersten Phase meiner Fußball-Leidenschaft gibt's darüber auch kaum etwas zu erzählen. Leider nicht. Dennoch will ich ihre Frage nicht übergehen, das wäre auch falsch, denn die Frauen spielen durchaus eine Rolle in der Geschichte. Ich möchte ihnen sogar einen ganzen Abschnitt widmen. »Au jaaa«, meint sie. »Kannst ja die, die nix mit Fußball zu tun haben, weg lassen.« Da soll sie mal keine Sorge haben; so viele Mädchen, wie sie vielleicht glaubt, waren das nicht.

Die Erste hieß Hermine, und ich war 13. Aber das ist ja bereits bekannt. Hermine ist meine eigene Übersetzung von Arminia, die ja in Anlehnung an den berühmten Chersukerfürsten Hermann so genannt wurde. Der lateinische Name für Hermann, der im nahen Teutoburger Wald die Römer geschlagen hat, lautet Armin. Und Arminia ist die weibliche Form.

Schluss jetzt mit diesen Verlegenheitsgeschichten – es gab und gibt auch echte Frauen in meinem Leben. Die erste erwähnenswerte aus Fleisch und Blut tauchte 1985 auf, bemerkenswerterweise ganz in der Nähe des Teutoburger Waldes: Vera, eine Jugendfreizeit-Bekanntschaft. Schon verwunderlich, dass neben permanenten Diskussionen um Arminias Abstiegskampf hier am Dümmer See noch Zeit zum Verlieben blieb. Dabei waren es doch die ständigen Fußballgeschichten, die das blonde Mädchen irgendwann restlos ermüdeten, so dass es einnickte und seinen

Kopf sachte an meine rechte Schulter schmiegte – und ein seltsames, in 15 Jahren unbekanntes Gefühl durchströmte mich.

Vera war so alt wie ich und aus Bochum. Das war damals eine Fernbeziehung. Die 55 Kilometer Distanz wogen schwerer als die *über* 400 Kilometer, die später zwischen mir und meiner Freundin lagen. So viel also zu meiner ersten gleichermaßen zarten wie kurzen Beziehung.

Ja, es ging weiter, und es blieb nicht bei zartem Kopfanlehnen. Was in den Jahren 15 bis 18 folgte, waren aber weder ernstzunehmende Beziehungen noch hatten diese losen Kontakte auch nur annähernd mit Fußball oder Arminia zu tun. Es ist also überflüssig, weiter auf sie einzugehen. Der DSC, nur um noch einmal daran zu erinnern, war inzwischen aus der ersten und später auch aus der zweiten Liga abgestiegen. Das war sicher auch ein Grund, warum Mädchen und pure Partys in den Jahren 1986 bis 1989 einen höheren Stellenwert einnahmen als Fußball.

Aber auch in dieser Zeit gehören Fußball- und Mädchenerlebnisse zusammen. Zum ersten Mal sollte Arminia (Mit-) Grund für eine Trennung sein Es kam 1990, eines von etlichen Jahren Oberliga-Tristesse. Aber Führerschein und Auto erleichterten mittlerweile die Frage, ob es sich wirklich lohnte, ein Drittligaspiel irgendwo im Münsterland zu besuchen. Ich verfolgte die Ergebnisse, weiß allerdings nicht, ob sie mir damals wirklich wichtiger waren als Muriel. Als ich merkte, dass sie die Resultate zumindest mitregistrierte, war ich noch ein Stück motivierter, Arminias Geschicke in der Oberliga Westfalen weiterhin zu beobachten. Die schönste Facette aber war – Muriels Trost nach Niederlagen. Sie war 18, ziemlich durchtrieben und steigerte sich in ihre Rolle als Seelentrösterin beinahe professionell hinein.

Nach Muriel kam wieder lange nichts. Silke hatte mit Arminia nicht viel zu tun, mit meinem Gefühlsleben hingegen sehr viel. Der WM-Sommer 94 ist mir besonders in Erinnerung geblieben, weil es im Wirbel um Maradonas Hand-Tor, Bianca Illgner und Uli Stein endlich, endlich zwischen uns gefunkt hatte. Was die Weltmeisterschaft mit dem DSC verband? Nach dem Ausscheiden der Berti-Elf grämte ich mich nicht lange, sondern dachte nach vorn: an den Start der neuen Regionalliga-Saison mit der bestens gerüsteten Arminia.

Es gab es noch einige weitere Beziehungen oder Freundinnen. Ich unterscheide deshalb, da ich meine Arminia-Leidenschaft bei eher losen Beziehungen, so wie sie eine war, noch beinahe verheimlichen konnte. Wurde aus der Beziehung aber eine richtige feste Freundin, so musste diese meine Fußball-Leiden teilen. Oder sie tat's eben nicht und suchte das Weite. Es ging auch anders: Eine Verflossene aus Bonn kam 2003 sogar mehrfach mit auf die verregneten Bolzplätze, um – nein, nicht um Fußball zu gucken, sondern weil sie bei mir sein wollte. Auf den Stehrängen des Aachener Tivoli (2:0 für Alemannia) hatte sie sogar Spaß: »Hey«, raunte sie. plötzlich und stieß mich an, »ist das da neben uns nicht Ingolf Lück?« Tatsächlich, er war's. Ich selbst hätte ihn wohl in drei Stunden noch nicht bemerkt.

Mit Ingolf Lück habe ich mich danach sogar einmal getroffen. Es war ein Zeitungstermin für die »Rheinische Post« und fand in Ingolfs Wohnort Köln statt. In einer Gaststätte. Anlass war ein Theaterstück, in dem er die Hauptrolle spielte. Natürlich haben wir uns auch über Arminia unterhalten. Der DSC spielte zu dieser Zeit recht gut, und entsprechend war unsere Laune.

Einmal war ich wieder in Hamburg. Ich hatte die Alternativen, entweder das Spiel der Hansestadt den HSV zu schauen (das Volksparkstadion war wegen Corona gesperrt) oder mich schon einmal auf den Weg zurück in Richtung Heimat zu machen. Hätte ich die Begegnung in Hamburg geguckt, wäre ich erst relativ spät zu Hause gewesen. Und um 9 Uhr loszufahren, um das HSV-Spiel zu Hause zu gucken, wollte ich auch nicht. So fiel das Match genau in die Rückfahrzeit von Hamburg nach Mettmann. Ich war ohnehin leicht nervös, weil ich nicht genau wusste, ob ich nicht doch Sonntagsdienst hatte (was nicht der Fall war). Und die Brisanz des Spiels steigerte meine Angespanntheit noch. Viermal fuhr ich an einer Raststätte rechts ran, um die Zwischenergebnisse abzurufen. Zufrieden mit der Nachricht vom Punkt beim Tabellenzweiten, konnte ich mich ab 15.20 Uhr beruhigter auf den Rest der Rückfahrt konzentrieren. Schön war auch, dass Stuttgart wieder verloren hatte.

Selten schaue ich Fußballspiele ohne Arminia-Beteiligung emotionsgeladen. Spielt nicht der DSC, lässt mich das Geschehen auf dem Rasen einigermaßen kalt. Obwohl es einfach nicht gelingt, völlig neutral zu bleiben. Ehe ich es merke, schlage ich mich auf die Seite eines der beiden Vereine, die da gerade kicken. Das kommt ganz automatisch und ist wohl ein Reflex des Fußballfans. Nicht immer hat es etwas damit zu tun, ob die eine Mannschaft Arminia in der Tabelle gefährlich werden könnte. Aber natürlich geht es auch darum: Warum sonst hätte ich bei einem unbedeutenden Match zwischen Darmstadt und Fürth zu den Franken halten sollen? Weil Darmstadt mit einem Sieg auf 44 Punkte gekommen wäre, und ich will nie, dass eine Mannschaft nahe an Arminia heranrückt. Auch wenn es wie in diesem Fall satte elf Punkte gewesen wären, die zwischen uns gelegen hätten. Also drückte ich Fürth die Daumen und war zufrieden, als die Kleeblätter den Ausgleich schossen. Manchmal ist es aber unbegründet, warum ich der einen Mannschaft den Sieg gönne und der anderen nicht. Osnabrück und Regensburg duellierten sich, und ich hielt zu Osnabrück. Keine Erklärung. Ende. Aus. Wobei es gar nicht unbedingt Sieg und Niederlage sein müssen. Manchmal sehne ich in einem vermeintlich neutralen Spiel ein Unentschieden herbei. So schaute ich im Mai 2020 die Begegnung Stuttgart gegen den HSV an. HSV war vor dem Match Zweiter mit sieben Punkten Rückstand auf Arminia und der VfB Dritter mit acht Punkten Abstand. »Lass' sie sich gegenseitig die Punkte wegnehmen«, pflege ich in solchen Momenten zu mir zu sagen. Jeder einen Punkt, und der weite Abstand bleibt gewahrt. Lange Zeit sah es auch nach meinem Wunschergebnis aus und stand 2:2, doch in der Nachspielzeit schoss Stuttgart noch das – aus meiner Sicht – unglückliche 3:2. Okay, das waren zu jenem

Zeitpunkt Luxusprobleme, aber der Arminia-Fan in mir lässt sich nun einmal nicht abschalten.

Doch auch bei Begegnungen, die rein gar nichts mit Arminia zu tun haben, etwa in einer anderen Liga, bin ich nicht unparteiisch. Vielleicht liegt es daran, dass ich Dortmund das 11:1 nicht verzeihen kann und ich ihnen deshalb im »Classico« die Niederlage gegen Bayern gönne. Oder ich gönne Werder Bremen gegen Leverkusen die Niederlage, weil ich Werder noch nie in der Zweiten Liga erlebt habe und ich ihnen den Abgang durchaus einmal wünschen würde (Was mittlerweile geschehen ist). Meistens aber schlage ich mich auf die Seite des vermeintlichen Underdogs. Zu oft hat Arminia diese Rolle ausfüllen müssen, als dass ich meinen Fußballinstinkt austricksen könnte. Und dann gibt es da noch Mannschaften, die ich absolut nicht ausstehen kann. Mönchengladbach und Kaiserslautern zum Beispiel. Diesen beiden Vereinen wünsche ich alles Schlechte. Warum? Keine Ahnung. Die Fußballseele ist unergründlich.

»Bist du, seid ihr denn nicht manchmal ein bisschen sauer, nein neidisch auf die Fans besserer Mannschaften?«, fragt Nina und schaut mich ernst an. Ich kann mir nur schwer verkneifen zu sagen, dass dies eine sehr naive Frage ist. Eine Frage, die wirklich nur von einem Fußball-Laien, einem Nicht-Fan, gestellt werden kann. Einem Mädel eben. Aber immerhin: Dass jemand wie ich seine Fan-Identität nicht beliebig abstreifen und wechseln kann, scheint sie schon begriffen zu haben. Sonst würde sie mich bestimmt fragen, warum ich mir nicht einfach einen erfolgreichen Verein aussuchen würde, und sie würde ankommen mit Bayern Mün.... »Ich wär' neidisch auf die Bayern-Fans«, redet sie plötzlich wie aufs Stichwort weiter, nachdem sie vergeblich auf eine Antwort gewartet hat. »Ich würd' mich echt ärgern, nicht genauso oft wie die Jubeln und Feiern zu dürfen.« Und indem sie einen entschlossenen Gesichtszug aufsetzt, fügt sie hinzu: »Denen geht's doch viel besser als euch Arminia-Fans, oder?« Neidisch, natürlich, nein, Neid eigentlich nicht ..., das ist nicht so einfach zu verstehen, Mädel, das ist wirklich nicht so einfach.

Naiv betrachtet geht's dem Bayern-Fan vielleicht tatsächlich am besten. Die Formel ist ja nur zu schlüssig: viele Siege – gleich viel Jubel – gleich gute Laune bei den Fans. Geht diese Rechnung tatsächlich auf? Ja – aber nur naiv und rein rechnerisch betrachtet. Fußball ist jedoch keine Mathematik, sondern Psychologie.

Aber der Reihe nach: Welcher Arminia-Fan hat in schwerer Stunde nicht schon einmal (natürlich heimlich) gedacht: »Ach, jetzt Bayern-, BVB- oder Leverkusen-Anhänger zu sein – wäre das schön!« Angesichts grauer Tristesse vor der eigenen Haustür bleibt er nicht aus, der schielende Blick hinüber zu denen, die es besser haben, die Siege feiern dürfen, Woche für Woche, jeden Spieltag aufs Neue. Diese vermeintliche Ungerechtigkeit schmerzt, sie macht neidisch auf die da an der Sonnenseite.

Aber dieser Neid auf die Anhänger der Spitzenmannschaften ist kein gewöhnlicher, sondern von seltsamer Natur. Kein Arminia-Fan würde jemals Bayern-Fan sein wollen, müßig und überflüssig, geschmacklos, darüber zu diskutieren. Wenn es denn eine Gesetzmäßigkeit unter Fußball-Fans gibt, dann jene, dass niemals ein Nicht-Bayern-Fan diesem Verein seine Sympathie schenken würde. Es gibt nichts Abschreckenderes als dieses satte, verwöhnte und gänzlich vom rechten Wege der Fußball-Leidenschaft abgekommene Volk. Menschenmassen, die mitschwimmen auf der Welle des Erfolgs und Hauptgründe für diesen am Leib tragen, sich bis oben hin einhüllen in die fragwürdige rot-weiße Pracht der Macht. Wer satt und fett ist, lässt sich von Standardkost nicht mehr locken; er will mehr, immer mehr, nur das Beste. Die Verwöhntheit ist es, die das bajuwarische Fußballvolk so abstoßend macht.

Wer erlebt hat, wie gelangweilt die Zuschauermassen in der Allianz-Arena einen 5:0-Sieg registrieren, routiniert zur Kenntnis nehmen, fragt sich, ob er mit diesen von jeglichem Realitätssinn verlassenen Menschen nicht eher Mitleid haben sollte, anstatt sie zu beneiden: emotionsloser, sekundenlanger Jubel nach jedem Treffer, dann wird's wieder ruhig, und die Menge lechzt voll Erwartung nach mehr. 1:0, 2:0, 3:0, wann fällt der nächste

Treffer, wann folgt der nächste Sieg? Mehr, mehr, fetter, süßer, immer mehr, so sind wir das gewohnt! Wir jubeln aus Routine, das ist unser Recht als Bayern-Fans. »Wie woar's?«, fragt die bayerische Hausfrau mechanisch und ohne vom Herd aufzuschauen, wenn Alois am Samstagabend vom Olympiastadion nach Hause kommt und sich gelangweilt in den Fernsehsessel krachen lässt. »Ah geh, wie immer natürlich!«, stöhnt Alois genervt. »Dreinull g'wonne hamma.« Was ist er wert, der Sieg, was nimmt der Fan davon in seinem Fußball-Herzen mit nach Hause, mit in die nächste Woche, in den Alltag?

Nicht viel natürlich. Siege in schöner Regelmäßigkeit kumulieren sich zwar zu zählbarem Wert, gleichzeitig nimmt aber die Faszination des Einzelerlebnisses ab. In einer Galaxie von Sternen fällt ein einzelner nicht auf. Wie schön ist es doch, wenn jeder Sieg ein Höhepunkt, ein Grund zu feiern, ein Fest ist. Wie schön ist es, wenn man Werte noch zu schätzen weiß und nicht schon völlig übersättigt ist. Wie gut hat es doch der Arminia-Fan, dass er nur zweimal im halben Jahr einen Triumph bejubeln muss …

Nein, das ist natürlich Quatsch! Auch wir Arminen würden uns über regelmäßige Siege freuen. Das müssen wir zugeben. Ein Fan will gewinnen, möglichst oft und hoch und hoch überlegen. Also doch ein bisschen neidisch auf die Bayern…? Ist das ganze Theoretisieren um Übersättigung und Werteverlust vielleicht nur ein Selbstschutz, sich die eigene Erfolglosigkeit schön zu reden? Mag sein. Und wenn schon: Wir sind vielleicht nicht die glücklicheren, dafür aber die treueren Fans. Und wenn irgendwann nach vier, fünf oder zehn sieglosen Spielen dann doch wieder einmal ein Gegner niedergekämpft werden konnte, ist das gleich doppelt, nein vier-, fünf-, zehnmal so schön. All die Enttäuschung, der angesammelte und aufgestaute Frust entlädt sich im Moment dieses lang ersehnten Triumphs. Zehnmal ausgefallenes Jubeln wird nachgeholt und leidenschaftlich ausgekostet: Wir holen uns den Spaß zurück! Keine Frage, ein Armine zehrt mehr vom einzelnen Sieg als jeder Bayern-Anhänger. Der DSC-

Fan weiß das knappe Gut, welches die Münchner in Hülle und Fülle haben und das sie kaum registrieren, noch zu schätzen. Es bleibt ihm ja auch gar nichts anderes übrig, als jeden mühsam errungenen Teilerfolg mit all seinen Sinnen voll auszukosten, will er nicht an erbärmlicher Unterernährung zu Grunde gehen. Ja, Unterernährung: Nach zehn Niederlagen in Folge war der 4:1-Sieg gegen Ulm im Februar 2000 damals wie ein rettendes, erlösendes Stück Zwieback, das ein Schiffbrüchiger nach tagelangem Magenknurren irgendwo in der Ecke seines Rettungsbootes findet. Er schmeckte, dieser Zwieback, er kam uns vor wie ein opulentes Festmahl mit sieben Gängen in der Fürstensuite und serviert von zehn nackten Tänzerinnen.

Seltenen Freuden überproportionalen Wert beizumessen, ist eine spezifische Eigenart aller Unterprivilegierten. Es scheint Naturgesetz zu sein, dass der Underdog seinen Gefühlshaushalt voll und ganz auf die begrenzten Ressourcen einstellt. Das Prinzip ist denkbar einfach: Qualität gleicht Quantität aus. Viele Siege führen zu einem allgemeinen Stimmungshoch, machen aber gleichzeitig unempfindlicher für das Einzelerlebnis. Ein vergleichbares Potenzial positiver Stimmungen, die sich im Laufe einer andauernden Erfolgsserie aufgebaut haben, kann sich jedoch auch in einem einzigen Moment entladen – dann, wenn das unendlich lange und zermürbende Warten auf einen Sieg doch irgendwann einmal belohnt wird. Jeder Fan erlebt diesen wunderbaren Augenblick genau so intensiv, wie er die vorangegangene Zeit der Entbehrung empfunden hat. Die Intensität des einen Erlebnisses ist der Ausgleich für viele andere – so gerecht kann Fußball sein.

In der Ersten Liga sind Erfolge für den DSC erfahrungs- und naturgemäß rar gesät. Es gilt daher, die wenigen schönen Momente angemessen und ausgiebig zu feiern. Ein Auswärtspunkt, zum Beispiel in Freiburg oder Schalke, lässt da schon Freude aufkommen, mehr Freude sogar, als ein 1:0 zu Hause gegen Uerdingen oder Wattenscheid in der 2. Liga bereitet hat. Die Übersättigung, die wir beim Siegeszug durchs Fußball-Unterhaus erlebt haben, lässt sich zwar nicht mit der jener abschreckenden Bayern-Sympathisanten vergleichen, aber Parallelen gibt es dennoch: Nach sechs, sieben und acht gewonnenen Spielen in Folge begann der Siegesrausch langsam abzunehmen, und die Triumphe wurden zur Routine. Klar, uns ging's gut, wir Arminen hielten die Punktemehrheit, doch tauschten wir nicht unbemerkt das Gefühl der beglückenden Souveränität aus gegen unsere ureigenste Mentalität, aus der wir sonst unsere Kraft schöpfen: das unberechenbare Außenseitertum, das vom ständigen Auf und Ab lebt? Es ist nun einmal das Los der Arminia, dass ihr und uns Fans Erfolge in schöner Regelmäßigkeit nur in Divisionen jenseits der Erstklassigkeit beschert werden. Wer sich an diesen Triumphserien hochziehen und dauerberauschen kann, mag dies tun. Es bleibt uns Fans zum Glück selbst überlassen, wie wir für uns die Wertigkeit gewonnener Spiele bemessen. Und wer hindert einen eigentlich daran, sich inmitten der jubelnden Menge in Block 5 vorzustellen, man habe gerade Bayern München mit 2:0 weggeputzt und nicht Rot-Weiß Oberhausen?

Wo aber reicht der Stolz nicht mehr aus, den Neid zu unterdrücken? Gibt es einen legitimen Neid des Fußball-Fans? Auf den Reichtum eines anderen Vereins? Geldneid ist Fußballfans eher fremd. Dass Borussia Dortmund oder Bayern viel reicher sind als Arminia, ist den meisten DSC-Anhängern völlig egal. Die Logik, dass sich Finanzkraft indirekt auf die sportliche Leistungsfähigkeit eines Clubs niederschlägt und als Überlegenheit auf dem Rasen in Erscheinung tritt, verdrängen wir lieber. Mit den Millionen um sich zu werfen, stößt gar eher als Stillosigkeit und Dekadenz übel auf.

Dortmund beneide ich aus einem anderen Grund: Der Verein hat uns damals Billy Reina weggekauft und später Delron Buckley. Das war natürlich nur möglich, weil der BVB mehr Geld hat als wir. Es ist der ganz normale Kreislauf im Fußballgeschäft: kleiner Verein baut Talent auf, feilt und schmirgelt, um das fertige Produkt meistbietend zu verkaufen. Jene Momente, in denen dem noch an Gerechtigkeit glaubenden Fan die Brutalität des

Business vor Augen geführt wird, sind geprägt von Ohnmacht, Wut und – Neid.

Es ist das Los der Kleinen, den Großen zuzuarbeiten. Deals wie der Reina-Verkauf, der Weissenberger-Transfer, Owomoyelas Wechsel oder der Ortega-Verkauf sind für einen Verein wie Arminia lebenswichtig. Nur so kann er existieren. Ich weiß das, ignoriere es jedoch, so gut es geht. Denn der Schmerz über den Verlust eines Lieblings wiegt schwerer als jeder rationale Grund.

Eifersucht. Es ist Eifersucht auf den neuen Club des Geliebten, kein Neid. Ich verfluche den Verführer nicht wegen seines Geldes, das unseren Liebling schwach gemacht hat, sondern wegen seines Besitzanspruches. Wegen des unerträglichen Gedankens, wie sich schwarz-gelber Stoff zärtlich an Billys Brust schmiegt oder Bruno Labbadia irgendwann einmal eine KSC-Fahne küssen könnte anstatt eines Arminia-Banners, wie er es einst in Gütersloh tat. Tief drinnen weiß ich, dass es so sein muss, aber dennoch blutet das Herz.

Dabei lindert der Aspekt des Kommerziellen den Schmerz sogar noch ein wenig, denn ich weiß, dass nur das Geld den Ausschlag für den Wechsel gab. Dort beim neuen Verein hält unseren verlorenen Sohn nur das Finanzielle und keine Liebe. Es tut gut sich vorzustellen, dass Billy, Bruno und die Anderen in Gedanken immer so mit uns verbunden bleiben, wie wir mit ihnen.

Desgleichen erfüllen mich sportliche Leistungen, die ein ehemaliger Armine für seinen neuen Arbeitgeber erbringt, mit leichtem Stolz: So professionell ist unser Club, dass er die Talente des verlorenen Spielers schon viel früher als der andere Verein erkannt hat. Und so didaktisch versiert sind wir, dass junge Fußballer unter unserer Obhut zu begehrten und geschätzten Stars heranreifen. Mit solchen Gedanken tröste ich mich über die schmerzlichen Verluste hinweg.

Ein Fan liebt seine Stars weiter, wenn diese auf und davon sind. Ich drückte Billy Reina bei Borussia Dortmund die Daumen und freute mich auch zwei Jahre nach seinem Weggang noch über jedes Tor, das er – nicht gegen uns – geschossen hat. Jeder Treffer ist auch immer noch irgendwie ein kleiner Erfolg für Arminia, finde ich. Jörg Böhmes Triumph bei Schalke ging jedem Arminia-Fan unter die Haut, besonders wenn erwähnt wurde, aus welchem Stall die Entdeckung kommt: Arminia. Und wir alle hätten auch Ali Daei sicherlich mehr Durchschlagskraft bei Bayern München gewünscht, nur um sagen zu können: ein guter Mann, groß gemacht in Deutschland von einem guten Verein. Genauso wie Stefan Ortega Moreno in England.

Besonders schwer wiegt der Schmerz allerdings bei Bruno Labbadia. Ihn im blauen Trikot des KSC sehen zu müssen, tat echt weh. Denn es gab in der Vereinsgeschichte kaum einen Spieler, der innerhalb von drei Jahren so sehr zum Inbegriff des Clubs geworden ist, sich so in die Herzen der Fans gespielt, pardon: geballert hat, wie Bruno. Sein Name klingt jedem Arminen weiterhin lieblich im Ohr, und mit Erregung werden wir in alle Ewigkeiten seinen Namen in der ewigen Torjägerliste der Bundesliga registrieren. Bruno darf als Trainer mit jedem Verein zur Alm zurückkehren. Genauso wie Thomas von Heesen hier erneut mit offenen Armen empfangen worden ist, würden wir auch Labbadia großherzig seinen Seitensprung verzeihen. Nicht viele Spieler sind während ihrer Zeit in Bielefeld zu einem Stück Arminia geworden. Aber diejenigen, die es taten, werden wir Fans immer weiterlieben. Und diese Liebe überspielt immer noch jeden Neid. Und sie relativiert den Hass auf den neuen Verein.

Ein annähernd freundschaftliches Verhältnis werde ich jedoch niemals zu einem jener Clubs haben, die sich unsere Besten geschnappt haben. Natürlich nicht: Es kann keine Freundschaft unter Konkurrenten geben. Für zwei Vereine in gleicher Weise zu sympathisieren, ist meines Erachtens ebenso unmöglich und schizophren, wie eine ehrliche und wahre Fanfreundschaft zu praktizieren. Müde belächele ich nicht nur die Schalker Jungs, die zur Unterstützung ihrer Nürnberger Freunde zur Alm reisen, wenn der Club in Bielefeld ein Gastspiel hat oder die Bochum-Anhänger, die in einer rührig treudoofen Art gen Allianz-Arena pilgern, wo ja ihr großer Verbündeter, der FC Bayern, wohnt. Genauso lache ich mich über jenes textile Fragment kaputt, blau und lila von Farbe, das glücklicherweise immer seltener im Einzugsgebiet der Alm auftaucht. Besitzer dieses sonderbaren Relikts aus alten Amateurtagen behaupten, es sei ein Freundschaftsschal; er dokumentiere die Verbundenheit der Fans von Arminia und dem VfL Osnabrück. Welche Verbundenheit? Die »Waffenruhe«, die seit Arminias Abschied aus der Amateurregion über einen sehr langen Zeitraum geherrscht hat, weil die Clubs sich nicht mehr begegnet sind? Spätestens nachdem der VfL im Mai 2000 in die zweite Liga aufgestiegen war, konnte von auch nur einem annähernd freundschaftlichen Verhältnis keine Rede mehr sein. Schon Wochen vor dem Aufeinandertreffen der beiden Fast-Nachbarn, das zu allem Überfluss auch noch das erste Saisonspiel war, tobte der Hass im Internet. Niemals habe ich solch einen zutiefst grimmigen Schlagabtausch im Netz erlebt – so etwas kann *nie* Freundschaft gewesen sein.

Überhaupt: Wie kann der Fan einer bestimmten Mannschaft sozusagen per »Naturgesetz« dazu verpflichtet werden, freundschaftliche Gefühle für einen anderen Club zu empfinden? Möglicherweise ist die Stadt dieses »befreundeten« Clubs in den Augen des Fans die schrecklichste der Welt, oder er hasst aus irgendeinem Grunde gerade den Partnerverein aufs Blut – und dennoch muss er diese Mannschaft toll finden? Nee, das geht nicht. Dass diese vernunftwidrigen Fanfreundschaften einigen Leuten nachhaltig aufs Hirn schlagen, ist leider allzu oft unübersehbar. Es gibt Menschen, die sich offenbar nach dem Zufallsprinzip mehrere Lieblingsvereine zusammenstellen und nicht davor zurückschrecken, auf dem Autoheck etwa einen VfL Bochum- neben einen RWE-Aufkleber durch die Gegend zu fahren oder ein HSV-Logo neben dem Hertha-Emblem. Wenn diese Verwirrten sich damit nicht schon selbst stigmatisieren und bloß stellen würden – der Staatsanwalt müsste in meinen Augen einschreiten.

Doppel-Sympathien sind in meinen Augen ohnehin der Offenbarungseid des Fußballverstandes. Das gilt auch bei Zweit-Teams aus dem Ausland. Plakativer lässt sich Lächerlichkeit nicht demonstrieren als etwa mit einem ManU-Trikot auf dem Leib – wenn ich weiß, der betreffende Mensch ist eigentlich Fortuna-Fan. »Manchester ist mein zweiter Verein«, kommt dann die Entschuldigung. Doch auch der Zusatz, die beiden Vereine würden sich ja nicht in die Quere kommen und vermutlich niemals miteinander konkurrieren müssen, will mein Unverständnis nicht mildern. Gefallen am englischen Fußball schlechthin mag ich ja nachvollziehen und akzeptieren. Aber sich dort auf der Insel einen Ersatzverein heraus zu suchen, passt nicht zur obersten Tugend eines Fans: der Treue. Meistens sind es zudem ja noch die absoluten Spitzenteams der europäischen Ligen, die hiesige Fußballanhänger plötzlich toll finden: Manchester, Arsenal, Inter Mailand oder – ja, auch das gibt es: Ajax Amsterdam. Allesamt vergleichbar mit Bayern München, der Billiarden-Truppe, die fast jeder Fan gerade wegen ihrer Übermacht hasst. Besonders Anhänger von Kultclubs aus unteren Ligen betonen ja gerne und oft, sie bräuchten gar keinen erfolgreichen Verein zum Glücklichsein. Das Außenseitertum wird zur Philosophie erhoben. St. Pauli-, Fortuna- oder auch Arminia-Fans kokettieren mit ihrer Genügsamkeit und stellen diese als das typische Charakteristikum heraus. Wie passt es zusammen, wenn sie sich plötzlich ein ManU- oder Inter-Trikot überstreifen?

»Aber so ein Manchester-Trikot finde ich auch ganz chic«, sagt Nina. »Das ist sexy.« Wieso sexy? »Naja, hat doch der … der Süße gespielt«, kommt die Antwort, und zwar leicht gestottert. Wäre es hier in der Kneipennische nicht so dunkel, ich könnte vermutlich sehen, wie sie errötet. Hmm, weiß wirklich nicht, welchen Süßen sie meint. Na, der Mann von dem Girl. »Von dem Spice Girl«, erklärt sie. »Der bei der WM gegen Portugal übers Tor geschossen hat.« Schon klar: Wenn eine Frau auch sonst keinen Fußballspieler kennt, David Beckham ist ihr ein Begriff. Ich korrigiere nur einen ihrer Irrtümer. Beckham spielte nicht bei ManU. Aber da wir ge-

rade bei einem sexy Mann sind, ich kenne auch einen starken Typen, der ein Manchester-Leibchen im Schrank und manchmal vor der schmalen Brust hängen hat. Es ist sogar ein guter Freund. Von Matthes muss ich ihr einfach erzählen, denn er gehört in meine Fangeschichte wie Wolfgang Kneib oder die A2. »Ist Matthes auch Arminia-Fan?«, fragt mein Gegenüber. Nein, ist er nicht. »Also normal«, sagt sie und verbessert sich: »also neutral?« Sie zieht die Stirn in Falten. »Wie finden normale Menschen eigentlich Arminia?«

Matthes

Matthes ist Fortuna-Fan. Aber viele Bielefeld-Anhänger kennen ihn. Matthes ist schon oft mit mir zu Arminia-Spielen gegangen. Und dann redet er in einer Tour drauf los. Dann kann ihn keiner stoppen. Viele Arminen hat er schon zugetextet, das ganze Spiel über. Kaum im Fanblock angekommen, beginnt er wildfremden Menschen von Fortuna, Klaus Allofs, Sven Demandt oder Alex Ristic zu erzählen. Er stellt seltsame Vergleiche zwischen Arminia und F95 an, zitiert aus der vorherigen »Fortuna Aktuell« und packt sonderbare Statistiken aus. Matthes schaut selten aufs Spielfeld, meistens steht er, den Kopf nach rechts oder links gedreht, in sonderbarer Schräglage und redet auf seinen Nachbarn ein. Dazu muss Matthes sich fast immer ein wenig herunter beugen – die Plaudertasche ist nämlich über zwei Meter lang. Seine schlaksige Gestalt mit den überlangen Armen und Beinen hat ihm einen ganz speziellen Spitznamen eingebracht: die Spinne.

Matthes ist Maler. Er mag Arminia und ist ein netter, witziger Typ, fährt gerne mit auf die Alm und auch zu manchen Auswärtsspielen, wenn sie nicht zu weit entfernt stattfinden. Sein Stammrevier ist nämlich nach wie vor das Düsseldorfer Stadion. Früher im 36er-Block der mittlerweile abgerissenen Betonschüssel war Matthes immer leicht auszumachen: Sein Kopf war der einzige, der alle anderen überragte und nicht in Richtung Spielfeld schaute. Als die Düsseldorfer jedoch in den unteren Fußballklassen verkehrten, zog es Matthes, Metzkausener wie ich, immer häufiger zum DSC. Er vergisst nie, vor der Fahrt zur Alm ein Päckchen Zigarillos einzustecken, um mich in regelmäßigen Abständen mit Nervennahrung zu versorgen. Er selbst kommt im Stadion fast nie zum Rauchen. Er redet zu viel.

Und auch F95-Fan ist er schon seit Urzeiten. Er gehört schon seit jeher zum harten Kern der Metzkausener Fortuna-Fraktion, und ich habe den langen Schlacks irgendwann über die beiden Freunde Henning und Thommy kennen gelernt. Keine Frage:

Das viele Reden ist sein Manko und gleichzeitig sein Marken-zeichen. So bleibt er jedem im Gedächtnis zurück. Auch den diversen Bielefeldern, die dem Langen auf irgendeinem Schlacht-feld in die Arme gelaufen sind. Zum Beispiel Vater und Sohn, die sich 1996 beim Regionalligaspiel in Köln-Brück anhören mussten, dass Arminia in der zweiten Liga nur »Kanonenfut-ter« sein werde. Fortuna würde die Bielefelder fertig machen, ereiferte sich Matthes über die mäßige Leistung des DSC beim 3:3 gegen den Absteiger Preussen Köln und fletschte die Zähne. Die beiden unfreiwilligen Zuhörer standen in der zweiten Halb-zeit dann seltsamerweise irgendwo anders. Auch 1997 in Unter-haching suchte ein Stadionnachbar flugs das Weite, nachdem dieser Matthes unvorsichtigerweise anvertraut hatte, er habe wie wir am Vortag das Spiel zwischen 60 München und Fortuna im Olympiastadion verfolgt. »Jaaa, ist ja irre«, begeisterte sich da die Spinne, »war der Elfer gegen Fortuna korrekt? Der war nicht korrekt, oder, der war nicht korrekt, oder? Ich hab' doch gewusst, dass der nicht korrekt war. Fortuna ist beschissen wor-den!« Matthes verpasste darüber das 1:0 für Haching. Glück für ihn. Und sein Opfer nutzte den Trubel, um sich still und heim-lich wegzuschleichen.

Matthes versteht es nicht gerade, mir die Nervosität zu neh-men. Vielmehr verstärkt er die Unruhe noch. Das fängt im Stau auf der A46 bei Wuppertal schon an. Weil er mal wieder zu spät kam und wir erst um 17 Uhr losfahren konnten, haben wir jetzt noch gerade einmal zwei Stunden bis zum Anpfiff gegen Mainz. Und nichts rührt sich. Die Freitagabend-Blechlawine. Die nächste Ausfahrt ist Wuppertal-Wichlinghausen. Noch vier Kilometer bis zur A1, die zweite Etappe auf dem rund 190 Kilo-meter zählenden Weg von Mettmann-Metzkausen bis zur Alm. Matthes raucht in aller Seelenruhe und erzählt von einem Kun-den. »Stinkreich ist der, die ganze Villa haben wir von unten bis oben neu gemacht«, plappert er in einer Tour. »Und weißt du, was der für ein Trinkgeld gegeben hat, kannst du dir das vorstellen?« Ich kann es nicht, interessiere mich aber auch nicht dafür. Die

Uhr zeigt 20 vor 6. Nur im Schritt-Tempo geht es voran. Matthes kann das alles nicht stören. »20 Mark, für eine Woche Arbeit, 20 Mark. Unglaublich! Sag doch mal, ist unglaublich, was?« Wenn's zu schlimm wurde, griff ich mir gewöhnlich eine Flasche Bier von hinten, die ich zum Zwecke der Betäubung auf diesen Fahrten immer mitführte. Die Folge: Spätestens in Kamen mussten wir zum ersten Toiletten-Stopp kurz einmal raus. Matthes kennt das schon.

Auf der A2, spätestens bei Bönen, steigert sich die Unruhe dann immer mehr. Vor allem dann, wenn Matthes minutenlang unter seinem Sitz nach heruntergefallenen Zigarillos herumkramt und die Fahrbahn vor sich völlig vergisst. Oder er konnte es sich wieder einmal nicht verkneifen und begann plötzlich von Sven Demandt zu schwärmen. »Der macht heut'ne Hütte, verlass dich drauf, der macht eigentlich immer 'ne Hütte, der alte Brecher.« Aber ich will nichts hören von Demandt, schon gar nicht, wenn wir gleich gegen ihn und seine Kumpels antreten müssen. »Stratos wird's schon richten, Stratos wird's schon richten«, schoss es durch meinen Kopf, und ich öffnete die zweite Flasche. »Prost Matthes, gib Gas, ist schon 19 Uhr!« Und manchmal tritt der Lange dann auch tatsächlich auf den Pinn, schaut nach vorne, und wir rasen mit satten 130 km/h über die A2, an Ahlen, Werl und Gütersloh vorbei, immer in Richtung Ziel, dem Endziel aller Reisen: Bielefeld.

Auf der Detmolder Straße pinkeln zu müssen, ist nicht schön. Aber irgendwie erwischt's mich immer da, meistens in Höhe der Sparrenburg. Im Stop-and-Go-Verkehr schieben sich die Autos langsam voran, es regnet natürlich. Erfahrungsgemäß dauert es von hier bis zur Alm noch lange 20 Minuten. »Solange kann ich nicht mehr warten, fahr rechts ran«, musste ich schon mehrmals den Fahrer hektisch anweisen. Meine Stimme klingt dann gewöhnlich schon sehr dünn und gepresst, und man muss nicht unbedingt Psychologe oder Fan-Experte sein, um mir die Anspannung anzusehen. Die Zeit drängt, der Anpfiff rückt näher, und es gibt keinen geeigneten Baum oder Busch weit und breit.

Hupende Autos, Fahrradfahrer auf dem Bürgersteig, eine Mainz-05-Fahne, die aus irgendeinem Autofenster herausragt. Gleich laufen sie auf. Hölle, Hölle, dieser Druck!

Aber es wäre auch eine Premiere, mit Matthes einmal pünktlich auf der Alm einzutreffen. Das habe ich mit ihm noch nicht einmal erlebt. Ein Stadionbesuch mit ihm ist immer mit Hektik, Hast und Stress verbunden. Die letzten Meter mussten wir immer im Dauerlauf zurücklegen, über die matschige Wiese, durch ein Meer aus leeren Bierdosen, dem gleißenden Flutlicht entgegen. Als ob ich vor einem Spiel nicht schon nervös genug bin, die Nerven ohnehin schon flattern. Muss diese Zeithetze unbedingt dazukommen? Manchmal paralysiert mich die angespannte Situation geradezu, legt mich lahm. Lethargisch sitze ich dann neben Matthes auf dem Beifahrersitz und wundere mich nur, dass er mein Herz nicht schlagen hört. Einmal sind wir auf der Stapenhorststraße zu weit gefahren, an der Alm vorbei. Das Spiel lief schon. Ich verlor vor Hektik die Orientierung, Matthes hat sowieso keine. Wir verfransten uns in irgendeinem verfluchten Wohngebiet hinter der Alm. Eine schreckliche Situation: wir in einer dunklen Sackgasse und nur ein paar Meter vom hell erleuchteten Stadionrund entfernt. Die Sprechchöre peitschten durch die Nacht. »Wo sind wir?«, fragte Matthes. »Weiß nicht«, entgegnete ich gelähmt, »ich glaub' in Gütersloh.«

Irgendwie sind wir doch noch ins Stadion gekommen. Arminia führte schon 1:0 gegen Mainz. Ich war nicht sauer über das verpasste Tor, sondern freute mich, auf die Erlösung nicht mehr warten zu müssen.

Es gibt aber auch Momente, an die ich gerne zurückdenke. Wenn wir auf der A2 zurückrollen in Richtung Heimat, einen Sieg im Gepäck, könnte mich nicht einmal ein vor uns explodierender 40-Tonner aus der Ruhe bringen. Ich genieße die monotone Berieselung, wahlweise von rechts oder links, wie ich mich früher dabei entspannt habe, wenn Henning auf der Rückfahrt aus der »Almpost« vorgelesen hat. Matthes sitzt dort neben mir, den Blick permanent mir zugewandt, ich weiß es, obwohl ich nicht einmal zu ihm herüberschaue. Matthes redet. Zwei Stunden, die ganze Hinfahrt über. Zwei Stunden im Stadion. Zwei Stunden während der Rückfahrt, egal ob es bereits 23 Uhr ist, ein langer Arbeitstag hinter uns liegt und der Lange sich schon sechs Flaschen Bier genehmigt hat. Es ist unglaublich: Er wird nicht müde. »Hmmm, klar«, meine Floskeln, Interesse heuchelnd, bleiben die ganze Zeit über dieselben. Manchmal lache ich, über seine Scherze, denkt Matthes. Nein, ich lache über seine unglaubliche Art, von einem Thema zum anderen zu springen. Keine 30 Sekunden vergehen zwischen den Themenkomplexen Arbeit und Fußball, ohne auch nur die Spur einer logischen Überleitung. Brutal knüpft er den nächsten Dauermonolog an. Es ist irre – irre toll, wenn wir gerade 4:1 gegen Union Berlin gewonnen haben. Das Autoradio spielt John Denver. Hört man aber sowieso nicht, weil Matthes so laut ist. Das sind Momente, da liebe ich den Langen.

Extrem eng mit mir verbunden und daher auch schon über Jahrzehnte mit Arminia konfrontiert ist niemand anderes als meine im August 2022 verstorbene Mutter. Bevor ich auf sie zu sprechen komme, muss ich ein wenig ausholen. Mama ist schließlich der Grund, warum ich die WM hassen müsste.

Der Fan-Exot hat von Natur aus ein ambivalentes Verhältnis zu Europa- oder Weltmeisterschaften. Als Verehrer des Rasensports lechzt er nach Beute in der Dürrezeit, in den Sommerwochen zwischen Saisonende und –anfang. Internationale Turniere können diese leere Zeit ausfüllen. Als Sympathisant eines eher unpopulären Vereins und Verteidiger der Stehplätze im Stadion ist einem die WM allerdings ein wahrer Greuel. Auf einmal redet jeder über Fußball. Plötzlich sind alle interessiert, auch diejenigen, die den Unterschied zwischen Zweiter und Erster Liga nicht kennen und mich regelmäßig naiv-ehrlich fragen, wie den Alemannia Bielefeld am Wochenende gespielt hat. Menschen, die nicht wissen, wie lange ein Fußballspiel dauert, diskutieren über die Legitimität eines Platzverweises (Wörns '98) oder darüber, ob Deutschland zu recht oder zu unrecht ausgeschieden ist. Meine

Mutter zum Beispiel. Während Weltmeister- und Europameisterschaftsturnieren redete sie plötzlich mit. Ungefragt. Woher nahm sie die Dreistigkeit? Warum konnte sie nicht auch in dieser Zeit Faszination und Bedeutung des Fußballsports ignorieren, wie sie es sonst doch auch immer getan hat? Aber nein, nach dem 0:1 gegen England während der EM 2000 musste sie plötzlich Problemanalyse betreiben. Mit mir.

Es gibt einige Leute, mit denen ich mich nicht über Fußball unterhalten kann. Meine Mutter gehörte nun einmal dazu. Ich kann nichts dafür und mit ihr noch so gut auskommen – in ihrer Gegenwart war das Thema Fußball für mich tabu. Es fehlte die Gesprächsgrundlage. Das war mit meinem Vater genauso, als er noch lebte. Ich konnte mich mit meinen Eltern übrigens auch nicht über Pizza unterhalten; als glühende Kartoffel-Verehrer vermochten die beiden die Faszination einfach nicht nachvollziehen, die zart verlaufender Käse und eine Portion doppelten Schinken auf dünn-knusprigen Boden auf mich ausüben kann. Für Pizza waren sie wohl einfach zu alt, für Fußball vielleicht auch. Es war Mama also nicht übel zu nehmen, dass sie meine Fußballleidenschaft nicht im Ansatz nachvollziehen konnte und Sätze sagte wie diesen: »Was, du fährst immer noch so weit zum Fußball? Meinst du nicht, dass du langsam zu alt bist für diesen Fußballkram?«

Es gibt natürlich auch viele junge und gleichaltrige Menschen, mit denen ich nicht gerne über meinen Lieblingssport und schon gar nicht über Arminia rede. Unter Freunden aus der Rock 'n' Roll-Szene beispielsweise, engsten sogar, spare ich das Thema gerne aus. Uns verbindet eine andere Leidenschaft, über die ich mich mit wiederum anderen Leuten schlecht austauschen kann, weil nämlich auch hier die gemeinsame Basis fehlt: Liebe und Leidenschaft fehlen. Fängt ein Arminia-Fan an, mit mir über Carl Perkins' Bedeutung für den Rock 'n' Roll oder die Ästhetik von Koteletten zu diskutieren anstatt über Brunos verschossenen Elfer oder Ortegas Glanzparaden, fühle ich mich irgendwie unwohl. Alles zu seiner Zeit und an seinem Platz.

Dass ich mich nur mit Fußballfans gerne über Fußball unterhalte, heißt nicht, mir sind ausschließlich Fußballfreunde sympathisch. Das ist Quatsch: Ich habe viele Leute sehr gern, die mit Profifußball so viel zu tun haben wie ich mit Esoterik. Doch hat das Interesse für den Rasensport sehr wohl für mich einen sympathiesteigernden Effekt, wenn es darum geht, Fremde kennen zu lernen. Ich baue leichter, schneller und sehr viel lieber den Kontakt zu Menschen auf, die Fußballfans sind. Einmal ging mir auf, dass ich diesbezüglich einer ganz individuellen Sympathie-Staffelung folge, wie ich sie unterbewusst auch für Biertrinker entwickelt habe, obgleich ich heute selbst keinen Alkohol mehr trinke: Grundsätzlich sind mir Menschen angenehmer, die aus einem Getränkeangebot Bier statt Wein, Sekt oder Cocktails wählen. Bevorzugen diese Leute gar Altbier vor Kölsch oder Pils, sind sie mir noch sympathischer. Und wenn sie dann auch noch lieber Schlösser trinken anstatt Diebels oder Gatzweilers, sind wir voll auf einer Wellenlänge. Was das mit Fußball zu tun hat? Fremde, die sich für Soccer interessieren, sind mir sympathischer als Fußball-Abstinenzler. Wer »kleine« Vereine wie Zweit- oder Drittligisten unterstützt und nicht Bayern oder Dortmund, steigt eine weitere Stufe in meinem Ansehen. Und schlägt das Herz des Betreffenden gar für Arminia, ist er mir natürlich noch ein Stück sympathischer. So jemanden lade ich dann gerne zum Bier ein, am liebsten auf ein – Schlösser.

Dummerweise kenne ich jedoch sehr viel mehr Altbiertrinker als Arminia-Fans. Zufällig außerhalb des Fußballplatzes und Bielefeld einen DSC-Anhänger zu treffen und kennen zu lernen, ist sehr unwahrscheinlich – zumindest für mich als Rheinländer. Und von denjenigen Bielefeld-Sympathisanten, die ich in meinem Arbeits- und Freizeit-Umfeld kennen gelernt habe, war ich fast immer enttäuscht; ein Gleichaltriger aus der Mettmanner Kneipenszene, der früher in Bielefeld gelebt und sogar unter Gerd Roggensack ein – erfolgloses – Probetraining bei Arminia absolviert hatte, kündigte 1996 nach dem Aufstieg in die erste Liga an, er werde jetzt »zu jedem Heimspiel auf die Alm fahren«. Ich glaube, er war seitdem niemals dort. Als ich ihn im Frühjahr 2001 in der Stadt traf, fragte der Riesen-Fan mich nach den Ergebnissen der vergangenen drei Spiele. Nicht viel besser der Rektor der Realschule im Nachbarort Wülfrath, den ich durch die Arbeit bei der Zeitung kennen gelernt hatte: Der Pauker outete sich als »alter Arminia-Fan« und beeindruckte mich mit der Tatsache, er habe früher in der Schule neben der Alm unterrichtet. Verzweifelt würde er versuchen, seinen Sohn zum DSC-Anhänger zu erziehen. Ich traf den – zugegeben sehr sympathischen – Lehrer im Sommer 2001 in Biergarten meiner Lieblingskneipe »Radieschen« wieder, wollte mit ihm fachsimpeln. Ich gab es auf, als ich merkte, dass er noch gar nichts von Brunos Wechsel nach Karlsruhe mitbekommen hatte, der schon drei Wochen zurücklag. Außerdem konnte der Direx »Wichniarek« nicht aussprechen. Und wie überrascht, ja euphorisch war ich, als in meiner Düsseldorfer Redaktion ein freier Mitarbeiter zu arbeiten begann, von dem meine anderen Kollegen mir leise und geheimnisvoll zuraunten: Ey, der ist auch Arminia-Fan! Dass er es nicht ist, obgleich er sich als solcher bezeichnet, wurde mir allzu schnell klar – wenn er den Gegner des nächsten Spiels nicht auswendig weiß, fehlt leider die Grundlage für ein Gespräch von Fan zu Fan.

Die ist glücklicherweise bei Dragan gegeben, dem bisher letzten Arminia-Fan, der in meinem direkten Umfeld auftauchte. Genauer: im Brauereiausschank auf dem zentralen Platz in Mettmanns City. Der kroatische Kellner kommt ursprünglich aus Bielefeld, war oft auf der Alm und ist nicht nur regelmäßig über die aktuellen Spielergebnisse (!) informiert, sondern auch über andere DSC-Interna. Ungünstig ist es nur, wenn ich zum Niederlagen-Betrauern an den Tresen komme und bei meinem Trost-Malzbier eigentlich nicht angesprochen werden möchte. Patsch – klatscht Dragans Pranke auf meinen Rücken. »Zwei dicke Patzer von Hain, was?«, bricht es erbarmungslos über mich herein. »Wäre mehr drin gewesen in Schalke, oder? Was meinste, bleibt Rapolder? Wird eng nächste Saison …« Und noch taktloser: »Mannschaft blutet aus, harte Zeiten für uns. Schon gehört, kriegen drei Punkte abgezogen – und wie geht's sonst? Noch ein Malz...?«

Noch einmal zurück zum Realschul-Direktor: Ihn beneide ich um ein Erlebnis, von dem er genauso begeistert berichtete, wie ich es tun würde, hätte ich es selbst erlebt. Eines Tages sei er an seiner Wülfrather Schule in den Klassenraum der 6b gekommen und wie angewurzelt vor der Tafel stehen geblieben: Akkurat und farbig aufgemalt prangte dort – die Arminia-Fahne. In der Lehrern nun einmal angeborenen Manier habe er prompt in den Klassenraum hineingefragt, wer denn die Tafel derart verziert habe, bekam aber zunächst keine Antwort, da den Schülern natürlich nicht klar war, dass der Pauker nicht – wie gewohnt – einen Übeltäter suchte, sondern einen Arminia-Fan. Wie sich dann schließlich doch ein Mädchen gemeldet und von seiner Sympathie zum DSC berichtet hatte, davon berichtete der Lehrer mir mit wahrhaft leuchtenden Augen. Ob er der Schülerin heimlich ein Plus ins rote Lehrerbüchlein notiert hat, ist mir nicht bekannt. Ich aber hätte es getan.

»Wie niedlich.« Die Geschichte gefällt ihr. Nina findet es faszinierend, wie viele verschiedene Storys es rund um das Fanwesen gibt. »Und die haben ja nicht einmal direkt was mit Fußball zu tun«, meint sie. Wenn sie wüsste, wie viele unzählige Geschichten sich in einem Fanleben ansammeln – aber warum soll sie das nicht erfahren?

Kein Spiel ist wie das andere. Jedes Fußball-Match hat eine eigene Geschichte. Nein, mehrere, eigentlich ganz viele. Jeder Fan erlebt den Auftritt seiner Mannschaft anders, jeder verbindet ganz persönliche Erlebnisse und Emotionen mit einem Spiel, das er erlebt hat. Erleben muss nicht dabei sein heißen. Ich persönlich habe beste Erinnerungen an Spiele, die ich lediglich im Fernsehen oder Radio mitverfolgt habe. Spiel-Atmosphäre ist nicht gleich Stadion-Atmosphäre. Auch jedes verpasste Arminia-Spiel, dessen Ergebnis ich aus dem Radio oder sogar von der

Sportansage erfahren habe, ist mir in Erinnerung und bedeutet eine ganz persönliche Geschichte für mich. Ja, selbst Resultate, die ich erst Tage später in der Zeitung nachlesen konnte, sind für mich emotional so unverwechselbar belegt, als hätte ich das Match tatsächlich miterlebt.

Habe ich ja auch, aber nicht am Bildschirm und schon gar nicht im Stadion. In Gedanken fängt es ja an. Egal wo auf der Welt ich mich gerade befinde: Den Anstoß spüre ich. Die innere Arminia-Uhr? Wahrscheinlich eher die an der Wand, nach der ich mich an einem Spieltag und fern der Alm ganz automatisch immer wieder nervös umdrehe. Es ist noch nicht einmal vorgekommen, dass die Mannschaft gerade irgendwo um Punkte kämpfte und ich in Gedanken nicht bei ihr war. Zeitgleich natürlich, egal wo ich mich auch befand: mitten im Londoner Nieselregen, einem Swimmingpool auf Mallorca, bei den Verwandten in LA. Dort, bei meinem Onkel Klaus, sah ich über seinen Satellitenfernseher im November 2021 das Heimspiel gegen Wolfsburg. Ein Jubelschrei um 7 Uhr morgens nach Okugawas 1:0 – das tat gut.

Oder in Prag. Zwei Tage lang musste ich hier auf das Ergebnis gegen Nürnberg warten, dabei wollte ich bereits zum Telefonhörer greifen, als der Schiri im mehr als 700 Kilometer entfernten Bielefeld gerade abgepfiffen haben musste. Das Hoteltelefon funktionierte nicht. Ich wartete auf die »Bild-Zeitung« und riss sie am nächsten Tag dem Lieferanten aus der Hand, als dieser vor dem Kiosk seine Ladeklappe öffnete. Doch die »Bild«, die von Deutschland nach Prag kommt, weiß die Ergebnisse vom Vorabend noch nicht. Zermürbendes Warten. Die Geduld wurde am nächsten Tag nicht einmal belohnt: nur ein müdes 2:2 gegen den Club. Doch ich werde dieses Spiel niemals vergessen. Auch meine Reisebegleiter nicht. Ihre mitleidsvollen Blicke, während ich zitternd die Zeitung durchblätterte, gehören mit zur Geschichte dieses Zweitliga-Spiels.

Noch ein Zeitungs-Beispiel: Den aufregenden Moment, als ich mit 13 Jahren eines Samstagmorgens die »Rheinische Post« aus dem Briefkasten holte, vergesse ich genauso wenig wie Horst

Wohler' Tor des Monats gegen Werder Bremen. Der DSC hatte am Vorabend beim VfL Bochum gespielt, und ich konnte die Radio-Übertragung nur bis zum 2:2-Ausgleich durch Pagelsdorf mithören. Eine unruhige Nacht, in der ich weniger schlief als sonst damals vor einer Mathearbeit, war die Folge. Wie schön doch ein Treffer sein kann, den man nie gesehen hat, und der trotzdem über Jahrzehnte hinweg zu den schönsten seiner Erinnerung zählt. Tausendmal malte ich mir dieses Tor, das ich nur aus der Zeitung kannte, aus – so schön hätte es im Fernsehen oder auch auf dem Fußballplatz kaum sein können.

Das kennt sie, allerdings nicht vom Fußball. »Ich habe mir mal einen Brieffreund schön geträumt.« Nina grinst. Zwei Jahre geschrieben, aber nie gesehen. Auch nach dem Briefverkehr ist er ihr nie zu Gesicht gekommen. »Aber ich bin mir sicher, er war sehr hübsch«, berichtet sie. »Mit jedem Traum wurde er toller. Man kann sich vieles schön träumen.« Geht es mir nicht genauso? »Dir bleibt doch auch manchmal nichts anderes übrig, als dir Arminia schön zu träumen, oder?«, fragt sie. Und wenn ich schon nicht tagsüber in Wunschgedanken abschweife, dann würde mir mein Verein doch sicher manchmal im Schlaf begegnen. »Mich beschäftigen wichtige Dinge doch auch, wenn ich schlafe«, erzählt Nina. »Das ist bei Fußballfans sicher auch so – oder seid ihr dermaßen abgebrüht und gefühllos, dass ihr nicht auch mal träumt?«

Wovon träumen Arminia-Fans?

Wir träumen von Arminias Meisterschaft. Wir träumen von endlosen Siegesserien, dem UEFA-Cup und Fatmir Vatas Konterfei auf dem »Kicker-Titelbild«. Mit offenen Augen träumt der Arminia-Fan die ganz normalen Fußballträume. Wunschträume kann man dirigieren, formen. Echte Träume nicht. Wovon träumen Arminia-Fans im Schlaf? Ich weiß nur, wie es bei mir ist: Meisterschalen habe ich noch nicht gesehen. Doch dass Arminia mir in meinen Traumbildern begegnet, kommt häufig vor.

Sie sieht bloß immer ganz fremd aus. Ein anderer würde sie wahrscheinlich gar nicht erkennen. Nur ich weiß sofort: Das ist Arminia, mein Verein. Sie hat keinen drachenartigen, langen Schweif, sieht nicht aus wie das Brüsseler Atomium oder fährt Motorrad, aber die Arminia im Traum ist eine andere als die, die sonst auf dem Fußballplatz steht. Überhaupt Fußballplatz: In meinen Träumen haben die Spielfelder die seltsamsten Formate: mal quadratisch, dann sind sie plötzlich ganz schmal und ellenlang oder extrem breit, so dass die Tore praktisch an der Seitenauslinie stehen. Regelkonform sind die Fußballfelder jedenfalls nie, wenn ich von ihnen träume. Einmal mussten die Arminen sogar bergauf kicken! Kein Wunder, dass sie immer so schlecht spielen und nicht treffen, wenn sie mir im Schlaf begegnen.

Wie sieht die Mannschaft aus? Komplett ist sie eigentlich nie. Meistens sind es zu wenig Spieler, die dort um den Ball kämpfen. Die anderen sind fast immer viel mehr. Dabei gibt es gar nicht unbedingt jedes Mal einen Gegner. Manchmal ist es wirklich seltsam: Da sehe ich im Traum irgendwelche Fußballspieler, die weder ein schwarz-weiß-blaues Trikot anhaben noch wie Bruno Labbadia oder Thomas Stratos aussehen noch den Ball durch die Reihen laufen lassen, wie es sich für ein richtiges Spiel gehört. Die machen einfach irgendetwas anderes, aber trotzdem weiß ich genau: Das kann nur Arminia sein, und du musst zu ihr halten. Wie immer eben.

Meistens spielt sie aber tatsächlich Fußball, auf jenen seltsamen Bolzplätzen eben und gegen eine zahlenmäßige Übermacht. Wir Fans sitzen oder stehen auf sonderbaren, schiefen Tribünen oder quetschen uns wie auf einem Open-Air-Konzert in einem riesigen Pulk zusammen, meistens auf Spielfeldhöhe. Und immer läuft Arminia einem Rückstand hinterher. Warum nur spielt der Verein im Traum noch schlechter als in der Realität? Die Leidenschaft, mit der ein Fan auf einen unendlich wichtigen Ausgleich wartet, ist eigentlich kaum mehr zu steigern. Nur im Traum, da erlebe ich dieses leidenschaftliche Gefühl noch stärker. Es ist ein verzweifeltes Gegenanrennen, eine Mischung aus letztem Aufbäumen und Resignation. Immer wieder peilen die Spieler das gegnerische Tor an, sie produzieren Torchancen am laufenden Band. Doch sie treffen nicht. Ich möchte einmal meinen Gesichtsausdruck sehen, während ich so etwas träume; wahrscheinlich ziehe ich verzweifelte Grimassen oder beiße mir in die Hand.

Manchmal trifft Arminia dann aber doch. Die Erlösung hält sich in Grenzen. Im Moment des Ausgleichs signalisiert mir mein Unterbewusstsein nämlich plötzlich, dass alles nur ein Traum ist. Bääätsch! Der Treffer zählt gar nicht, war nur ein Hirngespinst. Warum aber klärt sich dies offenbare Missverständnis erst auf, wenn der Ausgleich gefallen ist? Vielleicht hätte ich sonst an der seltsamen Inszenierung meiner Gehirnwindungen durchaus meine Freude. Ich könnte mir die Fußballspiele der Arminia so entspannt anschauen wie ein Freundschaftsspiel. Auch die wenigen Siege, die ich im Traum erleben durfte, wirkten irgendwie unecht; unspektakulär die Tore, verhalten der Jubel. Als wenn der Schiedsrichter sowieso gleich das gesamte Spiel annullieren würde. Nur die Bedrängnis, wenn der Verein zurücklag, die war immer echt, verdammt echt.

Angstträume? Sind Arminia-Träume Angstträume? Dass mich unangenehme Situationen oder unschöne Erlebnisse im Schlaf verfolgt haben, kam in meinem Leben eigentlich bisher sehr selten vor. Keine Fünf in Mathe, nicht der Fahrradunfall vor der Haustür oder die Abfuhr damals von Daniela. Mit den erfreulichen Ereignissen ist es ähnlich. Wundervolle Rendezvous oder erfolgreiche Präsentationen an der Uni sind mir in meinen Träumen nicht noch einmal begegnet. Leider. Ich bin kein Nachträumer, sondern eher ein Vorträumer. In der Nacht vor der Präsentation im Kommilitonenkreis habe ich davon geträumt, nicht danach. Und vor der großen Tour nach Amerika ging mir diese Reise schon durch den Kopf. Rückblickend kam nie etwas. Beim Fußball geht mir das genauso. Es sind nicht die vergangenen Spiele, die mich im Traum beschäftigen, sondern die kommenden. Mein Unterbewusstsein pfeift wichtige Partien schon Tage vor dem festgesetzten Termin an. So etwas passiert allerdings nur vor wirklich brisanten Spielen, mit denen wir Arminen uns ohnehin schon lange vorher beschäftigen, auf die wir uns freuen oder vor denen wir uns fürchten. Das Regionalligaspiel gegen Essen war solch ein Match. Oder das DFB-Pokalspiel gegen Hamburg im Jahr 1995. Auch vor der Partie zu Hause gegen Fürth, an einem Montag im Mai, war mir tagelang mulmig zumute. So mulmig, dass mich die Nervosität bis in den Schlaf hinein verfolgte. Ich träumte damals, dass wir 1:2 gegen die Greuther verlieren würden. Besser im Traum verlieren und stattdessen in echt gewinnen, hab' ich mir damals nach dem 2:1-Sieg gedacht.

Vertiefte Grübeleien, Sorgen oder intensive Vorfreude beeinflussen die Traumbilder. Eine aufgewühlte Gefühlslage bestimmt die Gedankenwelt im Schlaf. Besonders unmittelbar bevorstehende Ereignisse erlebe ich häufig in den davor liegenden Schlummerstunden ein erstes Mal. Fragen, die sich gleich nach dem Aufstehen klären werden, durchdringen mein Unterbewusstsein, nagen, drängen auf Antwort: Klappt das mit dem vereinbarten Treffen an der Autobahnausfahrt, wie wird die mündliche Prüfung ausgehen, schaffe ich es wirklich, rechtzeitig aufzustehen? Wie hat Arminia gespielt? Dies ist wirklich die wichtigste und drängendste Frage, die je meine Traumwelt beeinflusst hat. Und sie hat mich einige Male verfolgt, häufiger als jede andere. Besonders immer dann, wenn eine ganz besondere Situation eingetreten war: Ich war nicht live beim Spiel dabei gewesen und habe weder direkt danach noch im Verlauf des Abends das Ergebnis in Erfahrung bringen können. Das war Anspannung pur. Telefonate in der Nacht waren nicht mehr möglich oder unangepasst. Also hieß es Warten bis zum nächsten Morgen. Dann lag nämlich die Zeitung vor der Haustür, und da standen die Ergebnisse gleich vorne ganz groß drauf. Meistens lagen zwischen Zubettgehen und dem blechernen Klappern, das der Zeitungsbote beim Hantieren am Briefkasten immer erzeugt, keine fünf Stunden. Und da soll einer ruhig schlafen können! Unmöglich!

Ich erinnere mich an eine Hand voll unruhiger Nächte, zerwühlt und halbwach, an unruhigen Schlummer und durchgeschwitzte T-Shirts. Immer wieder kehrten die Gedanken zum Briefkasten zurück. Zwei Zahlen waren es jedes Mal, die meine halbwachen Sinne bestimmten und die sich vor meinem geistigen Auge immer wieder abbildeten: eine große 0 und eine 2, zum Beispiel. Das war in jener Nacht, in der ich zum ersten Mal von Arminia träumte. Obwohl sie fast 30 Jahre zurückliegt, werde ich sie niemals vergessen. Es war das Ergebnis aus Bochum, dem ich entgegenfieberte. Ich fieberte wirklich: Wie in einem Alptraum zogen die Bilder vorbei, diese schrecklichen Bilder. Fratzenhaft verzerrte Ziffern. Eine 0 und eine 2. So nah dieser Traum auch an der Realität war, da er direkt an die Stunden vor dem Einschlafen anknüpfte und auf den unmittelbaren Moment nach dem Erwachen vorgriff, so bestätigte er doch eindrucksvoll die Belanglosigkeit von Träumen: Ihnen ist nicht zu trauen. Träume sind Quatsch und spiegeln nicht einmal die jüngsten Erlebnisse unverzerrt wieder. Wie hätte Arminia denn 0:2 verlieren sollen, wenn es kurz vor Schluss schon 2:2 stand? Ich hasse diese Träume. Auch wenn das Resultat am Morgen für die unruhige Nacht entschuldigt.

So war es auch im Spätsommer 1997 beim Rückflug von San Francisco nach Düsseldorf. Alle strategischen Planungen, das

Ergebnis vom Werder-Spiel in Erfahrung zu bringen, hatten sich plötzlich zerschlagen. Und zwar am Münztelefon im Flughafen Newark, wo ich zwischengelandet war. Die Verbindung zur »Kicker«-Hotline in Deutschland hätte zwölf (!) Dollar gekostet. Zum Glück stellte sich die Gewissensfrage nicht, ob Arminia mir dieses Geld wert gewesen wäre, denn ich hatte keines mehr. So musste ich mich also in den Flieger setzen ohne zu wissen, wie die Lieblinge gespielt hatten. Die Hände schwitzten diesmal schon vor dem Take-Off. Und auch der Bloody Mary machte es nicht besser. Im Gegenteil: Ich hätte besser darauf verzichtet. Als süßer Schlummertrunk gedacht, stürzte der teuflische Cocktail mich in eine düstere, schwermütige Traumwelt, irgendwo zwischen zwei sonderbare Universen. Und es suchte mich heim. Das Ergebnis erschien mir unmittelbar nach dem Einnicken. Es bestand nicht aus Zahlen. Es war von ähnlicher Beschaffenheit wie die Mannschaft, wenn ich von ihr träume: unreal. Aber ich registrierte die Traumsequenz als das sehnsüchtig erwartete Resultat. Ich kann heute nicht sagen, wie es lautete. Aber es war beunruhigend. Alles, ich und das Paralleluniversum, in das ich gestürzt war, drehte sich nur noch um dieses Endergebnis. Die Katharsis, die Erlösung, erlebte ich dann nach der Landung am Flughafen, wo mir die »Bild am Sonntag« als Willkommensgruß ein wunderschönes 3:1 entgegenrief. »Der DSC hat gewonnen«, warf ich meinem Pflegebruder, der gerade bei uns zu Hause campierte, an den Kopf. »Ja, und Arminia auch«, entgegnete er.

Auch vom Ergebnis Nürnberg – Arminia in der Saison 95/96 träumte ich, bevor ich vom 2:0-Sieg am Morgen aus der Zeitung erfuhr und noch vor der Haustür (im Schlafanzug) einen Freudentanz aufführte. Es war einer jener Samstage, an denen man die freie Zeit nutzt, um sich so viele Spielberichte wie möglich zu beschaffen. Zeitungen, die ich sonst nicht anfassen würde, mussten her, »Bild«, »Express«, »WZ« – ich verschlang jede Zeile Spielchronologie und ließ mir jedes Extralob für Uli Stein auf der Zunge zergehen. Sich nach erfolgreichen Spielen in eine wahre Informationsflut zu stürzen, gehört auch heute noch zu meiner sonderbaren und unausgeglichenen Praxis des Fußball-Erlebens. Nach Siegen kann ich nicht genug über das Spiel lesen, mich endlos an der Tabelle satt sehen und immer wieder die Namen der Torschützen vor mich hinflüstern. Das sind die guten Tage, an denen ich mich plötzlich mit *jedem* und von mir aus stundenlang über Fußball unterhalten könnte. Andererseits – und das ist das Schlimme an meinem Fußball-Wahn – gibt es Tage, an denen ich die Existenz des Profifußballs am liebsten verleumden würde. An Wochenenden, die mit einer Arminia-Niederlage beginnen, findet für mich kein Spielbetrieb statt. Fußball ist tabu. Im Fernsehen, Radio und in der Zeitung. Ich will keine Tabelle sehen. Mit keinem drüber reden. Fußball? Hör auf! Fußball ist grausam. Grausam, dumm und plump. Dabei träume ich doch sonst so gerne von Fußball, wenn er graziös ist. Graziös und nicht plump.

Es gibt auch regelrechte Fußball-Albträume. Nicht, dass ich Arminia im Traum verlieren sehe – das gab es auch schon, aber selten: Vielmehr versuche ich im Schlaf, an das Ergebnis eines Spiels zu kommen. Ich finde im Traum nicht das richtige Resultat. Noch schlimmer ist das Desinteresse am Ergebnis, das mich manchmal im Traum umhüllt. Da schiebe ich es immer wieder heraus, mich nach dem Resultat zu erkundigen. Ich vergesse sozusagen, dass Arminia gespielt hat. Das ist furchtbar und könnte mir im wachen Zustand niemals geschehen.

Aber es gibt jetzt – ganz aktuell – einen weitaus realistischeren Albtraum: Wie es ist, ganz plötzlich ohne Fußball dazustehen, haben wir alle im Frühjahr 2020 erleben müssen. Die grauenvolle Corona-Krise hielt uns fest im Nacken, und als kurz vor Anpfiff im März das Heimspiel gegen Osnabrück (das ohnehin vor leeren Zuschauerrängen ausgetragen werden sollte) komplett abgesagt wurde, ahnte ich noch nicht, welch lange fußballfreie Zeit herrschen würde. In dieser Corona-Zeit hielt der Arminia-Fan sich bei Laune, indem er immer wieder mal einen Blick auf die Tabelle warf und sich über den schönen Vorsprung auf den drittplatzierten HSV freute. Ansonsten war diese historische Zwangspause einfach nur fürchterlich. Ich merkte, wie abhängig ich vom Fußball bin. Länger als jede Sommer- und Winterpause dauerte die Auszeit. Und auch dann begann es nicht mehr wie gewohnt: Fußball ohne Zuschauer. Das ist nichts Halbes und nichts Ganzes. Für uns gehört der lautstarke Trubel, das Jubeln, Anfeuern und Beleidigen aus dem Zuschauerrund einfach dazu. Erst Sprechchöre und Gesänge machen das Spiel komplett. Da kann Arminia noch so schön spielen und noch so hoch gewinnen – ohne den zwölften Mann fehlt etwas Substanzielles.

Andererseits: Ich muss auch kein schlechtes Gewissen haben, dass ich wieder mal nicht dabei war. Die veränderten Lebensumstände haben die Fußball-Reisen in den vergangenen Jahren eingeschränkt. Arbeitszeiten, besonders der häufige Sonntagsdienst, machen mir oft einen Strich durch die Rechnung. So habe ich mich daran gewöhnt, nur noch ab und zu auf die Alm fahren zu können.

Arminia wird mehr und mehr zu einer Fernseh-Angelegenheit. Hier kommt »Sky« ins Spiel: Was habe ich als Jugendlicher nicht davon geträumt, es könne mal im Fernsehen eine Konferenzschaltung zwischen den Stadien geben, wie sie im Radio zu hören war/ist. Bewegte Bilder, die von einem zum anderen Fußballrasen hoppeln, schienen mir damals wie ein unerreichbarer Traum. Mittlerweile gibt es das, und ich genieße es. Konferenz schaue ich zwar immer nur, wenn Arminia nicht spielt – denn wenn sie performed, gucke ich das ganze Spiel – aber die Schalte gefällt mir. Ich kann es übrigens nicht gut ab, Konferenz schauen zu müssen, wenn Arminia spielt. Denn dann möchte ich mich ganz und gar auf die Blauen konzentrieren. Manchmal geht es nicht anders, und ich bin gezwungen, das Auftreten des DSC zwischen anderen Einblendungen zu verfolgen. Im Herbst 2018 hatte ich mich mit dem bereits erwähnten Profi-Fan Stefan Stricker in der Düsseldorfer Altstadt verabredet. Er hatte gerade beruflich in der Gegend zu tun und konnte seine Dauerkarte im Heimspiel gegen den 1. FC Köln nicht nutzen. Im Irish Pub mussten wir mitansehen, wie Arminia mit 1:3 verlor. Immerhin sahen wir die Gegentore nicht live, sondern nur Staudes Kracher ins Netz.

»Sky« hat vieles verändert. Ich bin nicht mehr auf die »Sport-schau« oder das Aktuelle Sportstudio angewiesen, wenn ich be-wegte Bilder von meiner Arminia sehen möchte. Mit Zweitliga-Fußball ist das bei diesen TV-Formaten ja auch so seine Sache: Viel gibt's nicht. Was den Live-Fußball betrifft, da waren wir ja beinahe in der Dritten Liga besser dran, da gab es doch fast jedes zweite Spiel im Dritten zu sehen. Nun aber »Sky«, das es mir ermöglicht, jedes Spiel meines Vereins live anzuschauen. Der Preis, den es kostet, ist es mir wert. Jedes Match gegen den noch so unbedeutendsten Verein kriege ich ins Wohnzimmer ge-liefert. Das Jubeln macht zwar nicht so viel Spaß wie im Stadion, kann aber schon mal heftig ausfallen. Wobei die Jubelattacken in Zeiten von Corona ja sowieso auf einen selbst beschränkt blei-ben sollen. Der sozial distanzierte Jubel der Spieler nach einem Tor war für mich genauso gewöhnungsbedürftig wie die Spiele ohne Publikum selbst. Ein Tor schreit danach, den nächstbesten Menschen zu umarmen. Dieser Mechanismus ist dem Fußball immanent. Meistens jubele ich also alleine für mich und voll-kommen coronakonform. Ich jubele zu Hause nicht weniger als im Stadion. Okay, ich hüpfe nach einem Treffer nicht vor mich hin, schreie aber laut und werfe die Hände in die Luft. Und sollte jemand Nahestehender in der Nähe sein, wird er auch umarmt. Oder bekommt einen Kuss, wie 2018 während der WM beim Treffer von Toni Kroos im Spiel gegen Schweden.

Andrea und Jürgen, jene Fortuna-Fans, die im alten Rhein-stadion Hochzeit gefeiert haben, haben es richtig gemacht. Sie waren schon mit ihrem Sohn Fabian im Stadion, als er noch ein Baby war. Ich sehe Andrea noch mit ihm hinter der Tribüne auf und abgehen. Das Kind beruhigte sich. Für den Fanartikel-Ka-talog haben sie ein Foto von Fabian genommen, mit der Über-schrift »Fortuna hat jetzt einen Knirpser«. Der Junge konnte gar nicht anders, als Fortuna-Fan zu werden.

Eigentlich gibt es nämlich nichts Eleganteres als Fußball. Nicht nur verglichen mit anderen Sportarten, sondern überhaupt. Zu-mindest theoretisch. Manchmal bin ich traurig, oder ich muss mich von irgendetwas ablenken. Dann denke ich an Fußball. Es reihen sich in meinen Gedanken die schönsten Spielzüge, Lehrbuch-Kombinationen butterweich aneinander, funktionieren die kompliziertesten Ballläufe perfekt und wie an der Schnur gezogen, dann klappt alles ganz genau so, wie der Trainer das vorher an der Tafel aufgemalt hat, und jeder Ball kommt exakt dort an, wo er hin soll. Das ist toll, wenn Fußball so funktioniert und in meinen Gedanken zur Perfektion heranreift. Es ist ungemein beruhigend, und in mir macht sich angenehme Ausgeglichenheit breit.

Fußball ist glatt, rund und in sich geschlossen, generell und als Ganzes gesehen, Ecken und rechtwinklige Störfaktoren treten nur in Details wie Torwinkeln oder Spielfeldmarkierungen auf. Fußball, auch wenn und gerade weil von Konfrontation und hartem Kampf geprägt, beinhaltet eine Eleganz sondergleichen. Eiskunstlauf, Dressurreiten? Pah! Diese wundervolle Dynamik, mit der der Ball an der rechten Seite nach vorne getrieben wird, an der Mittellinie das erste Gegnerbein umkurvt und dann – in instinktiver Entschlossenheit – nach vorne weitergespielt wird, wo sich der Mitspieler keinen Sekundenbruchteil zu früh oder zu spät von seinem Schatten gelöst und die Kugel mit dem Außenrist angenommen hat – sie verzaubert mich, diese Dynamik, vor allem, wenn der Ball dann hart von der Torauslinie aus präzise in den 16er hineingeschlagen wird, wo er sich magisch angezogen zu fühlen scheint vom hoch und höher steigenden Haupt eines Kopfballungeheuers, das die Kugel wahlweise rechts oder links in den Torwinkel einnickt. Selbst der anschließende Jubellauf, das finale Ballen der Fäuste als letztes Glied in dieser Kette physischer Aneinanderreihungen, bringt kein anderer Sportler derart echt und in vergleichbarer Konsequenz zustande.

Okay, vielleicht gerade noch Sprint-Star Usain. Aber mal ganz ehrlich: Ich kann nur schwer oder eigentlich gar nicht begreifen, wie ein Mensch sich für eine fußballfremde Sportart begeistern kann. Für rüden, rumpelnden Handball, dämlichen Motorsport oder kleingeistigen Minigolf, zum Beispiel. Die dem Fußball immanente Brisanz, die den kleinen Ball dort unten auf dem Platz für 90 oder mehr Minuten zum Mittelpunkt des Weltgeschehens macht, habe ich bisher bei keinem anderen Sport beobachten können. Sicher, das mag vielleicht daran liegen, dass ich mir (freiwillig) gar keinen anderen Sport anschaue, weil mich einfach nichts anderes außer Fußball interessiert. Doch würde ich garantiert auch bei intensivem Suchen nirgendwo eine dem Fußball vergleichbare und so wohlgeratene Mischung aus Brisanz, Dynamik und der oben zitierten Eleganz aufspüren können, da bin ich mir sicher. Die Eleganz des Eiskunstlaufs wird – in Bildern gesprochen – immer nur vergleichbar mit der einer schönen Blumenvase oder Harzlandschaft sein, während die Eleganz des Fußballs der eines jungen und starken Leoparden gleichkommt.

Meistens reise ich mit dem Auto zu Fußballspielen an. Für mich ist ja jedes Heimspiel ein Auswärtsspiel. Rund 190 Kilometer sind es von meiner Haustür bis nach Bielefeld. Das erste Mal, dass auf der A1 das Hinweisschild »Bielefeld« erscheint, ist am Kamener Kreuz. Tatsächlich habe ich mich schon dabei erwischt, dass ich die Faust geballt habe beim Anblick des Hinweisschildes. Kamen ist auch gut die Hälfte meiner Strecke. Es ist aber so, dass ich auch schon mal geflogen bin zu einem Arminia-Spiel. Vielleicht klingt es ein bisschen dekadent, doch zweimal nahm ich wirklich den Flieger. Zweieinhalb mal. Das erste Mal jettete ich nach München, wo damals meine Schwester lebte. Ein Spiel in Unterhaching stand an. Als ich im Trikot am Münchner Hauptbahnhof stand, konnte niemand etwas mit meinem Anblick anfangen. Ich glaube, ich war der einzige Arminia-Fan in ganz München, der an diesem Tag in die S-Bahn stieg und gen Süden fuhr. Aber wir haben das Spiel gewonnen, und stolz trug ich das Trikot auch während des Rückfluges nach Düsseldorf. Ich glaube, auch die Stewardessen waren etwas irritiert.

Ein zweites Mal flog ich nur eine Strecke, naja, sogar ein bisschen weiter. Es traf sich, dass im Frühjahr 2004 ein Termin in Hamburg stattfand, den ich für meinen damaligen Arbeitgeber – eine Düsseldorfer PR-Agentur – wahrnehmen sollte. Der Termin war am Samstag, und am Sonntag stieg das letzte Saisonspiel der zweiten Bundesliga in Osnabrück. Nachdem ich noch die Party zum European Song-Contest auf der Reeperbahn mitbekommen hatte, stieg ich am nächsten Tag in den Zug und fuhr, auf Betriebskosten, an die Bremer Brücke. Überflüssig zu erwähnen, dass Arminia im völlig überfüllten Stadion 0:0 spielte und damit aufgestiegen war. Ich sehe mich noch heute nach der Pitch Invasion auf dem Fußballrasen liegen, Flutlichter im Blick und den Aufstiegsmoment genießen.

Ein drittes Mal flog ich nach Berlin. Das war im August 2019, als Arminia im DFB-Pokal bei Victoria Berlin in Wedding spielte. Ich hatte einen Flug für 170 Euro ergattert, der früh morgens losging und am Abend zurück. So hatte ich einen schönen, langen Tag in der Hauptstadt, den ich mir bis zum Anpfiff mit U-Bahnfahren und Kaffeetrinken vertrieb. Das Spiel war nicht der Rede wert, bekanntlich siegte der DSC durch einen Kopfballtreffer von Voglsammer mit 1:0. Aber es war schon ein angenehmes Gefühl, keine weite Rückfahrt vor sich zu haben, sondern nur 50 Minuten Flugzeit. Im Grunde habe ich nur schon mal geübt: Wie gerne würde ich mehr Fußball-Reisen mit dem Flieger absolvieren! Ich träume davon, dass Arminia einmal international spielt, und dann – das verspreche ich – wäre mir kein Weg zu weit. Egal ob Charkiw, Craiova oder Lissabon.

Ich bin kein großer Facebook-Verehrer. Ja, ich nutze das Portal, aber nicht so exzessiv wie andere. Glückwünsche zum Geburtstag lassen sich gut auf Facebook verschicken.

Mittlerweile bin ich dazu übergegangen, ab und zu auch Fußball-Ereignisse zu posten. Dazu benutze ich meistens ein rosafarbenes Kastendesign als Muster und platziere darin meine Nachricht. Meistens, wenn ich mich über einen Sieg gefreut habe und den Jubel in die Welt hinein schreien wollte. So gab es beim 1:0 gegen Hannover daheim im Frühjahr 2020 vom Arbeitsplatz in der Redaktion ein »Yeah, Yabo. Arminia versüßt mir den Sonntagsdienst«. Oder nach dem 1:0-Auswärtssieg in

Osnabrück postete ich: »So eine Arbeitswoche geht doch nach solch einem Derby-Sieg viel besser«. Es kommen auch immer Reaktionen, nicht nur Likes, sondern auch Kommentare. Meistens von Fortuna-Fans. So bat mich Freundin Andrea nach meinem »Bundesliga, wir kommen«-Post im Sommer 2020, doch »jetzt wenigstens Fortuna die Daumen zu drücken, dass sie in der Bundesliga bleibt«. Was ich auch tat, am Ende aber vergebens.

Gerne würde ich häufiger Arminia-Einträge auf Facebook lesen, aber die meisten Fußballfans unter meinen Facebook-Freunden halten zu Fortuna. Freund Kai – nicht nur ein virtueller Kumpel auf Facebook, sondern auch in echt – lebt bei Bonn, hält aber seiner alten Liebe F95 nach wie vor die Treue. Auch er tut seine Freude via soziales Netzwerk kund, wenn es fußballmäßig etwas zu feiern gibt, etwa nach Fortunas 3:3 bei den Bayern. Andere Freunde wie Chris oder Marc haben sich damals über die Tauglichkeit von Friedhelm Funkel als Düsseldorfer Trainer in Rage geschrieben – nur über Arminia lässt sich kaum ein Facebook-Freund aus. Ich habe zu wenig Arminia-Fans im sozialen Netzwerk als Verbündete. Nicht nur dort, sondern auch im realen Leben teilen zu wenig meine Fußball-Leidenschaft. In der Aufstiegssaison 2019/2020 habe ich es geschafft, einen vorher eher neutralen Fußballfan auf meine Seite zu ziehen: Elmar aus Wuppertal war während und nach der Spielzeit so begeistert vom DSC, dass er sich nun auch Arminia-Fan nennt.

Ich habe auch prominente Facebook-Freunde, teilweise sogar (Ex-)Arminen. So zählt Uli Stein zu meinen Kontakten. Ich lasse dem früheren Super-Keeper regelmäßig einen Geburtstagsgruß zukommen. Oder Thomas Stratos: Über Facebook bin ich informiert, was der Ex-Abwehrstratege derzeit treibt. Stratos hat sogar einmal zurückgeschrieben und auf einen Glückwunsch reagiert. Von Ansgar Brinkmann habe ich eine Zeitlang sehr viel über Facebook mitbekommen. Er postete jedes Erlebnis. Aber die Informationsflut um den »weißen Brasilianer« ist irgendwann abgebrochen. Immerhin ist Ansgar ja bekennender Arminia-Fan. Auch Michael Sternkopf ist ein Facebook-Freund von mir. Über ihn habe ich erfahren, dass er jetzt zum christlichen Glauben gekommen ist und Jesus predigt. Das macht ihn doch sympathisch. Wolfgang Hesl hat übrigens nicht auf meine Freundschaftsanfrage reagiert. Was der glücklose Ex-Torwart wohl heute macht? Weiterhin zählen auch Nicht-Arminen zu meinem Facebook-Freundeskreis, etwa Peter Peschel (früher VfL Bochum) und Thomas »Icke« Hässler. Da interessiert mich aber nicht so sehr, was die machen. Auch Thomas Brdaric gehört dazu.

Gern denke ich zurück an die 90er-Jahre: Arminia wieder in der Bundesliga. Lange hatten wir darauf gewartet. In der Saison 1996/1997 war es endlich wieder soweit. Nach holprigem Start kamen unsere Blauen immer besser in Tritt, kämpften aber im Frühjahr 1997 immer noch gegen den Abstieg. Das Match am 19. April im Müngersdorfer Stadion war für mich sozusagen ein Heimspiel: Von meiner Heimat in Mettmann in die Domstadt sind es knapp 40 Kilometer. Wie so oft machte ich mich alleine auf den Weg, mit dem Auto. Ich gab mich an der Stadioneinfahrt als Journalist zu erkennen. So durfte ich kostenlos im Parkhaus parken. Von dort bis zum Gästeblock waren es nur einige hundert Meter. Der Besuch ging gut los: An der Kasse musste ich (mit Studentenausweis) satte fünf Mark bezahlen (Ähnlich niedrige Eintrittspreise kannte ich nur aus der Oberliga – und einmal habe ich tatsächlich im Hamburger Volksparkstadion auch nur fünf Mark bezahlt). Die Arminia-Fans standen gleich hinter dem Tor von FC-Keeper Kraft. Und schon in der fünften Spielminute ging es dort im Strafraum los. Kuntz wurde angespielt, und als er frei vor dem Torwart stand, mag er dasselbe gedacht haben wie ich: Wohin jetzt mit der Kugel? Er versenkte sie im Winkel des Kölner Tores, und die Welt war in Ordnung. Die Stimmung war prächtig. Aber wer nun geglaubt hatte, Arminia würde die Führung verwalten, sah sich getäuscht. Die Blauen hatten einen extrem guten Tag erwischt und waren hoch überlegen. Folgerichtig schlug es in der 17. Minute wieder ein. Dieses Mal trug sich Ronald Maul in die Torschützenliste ein. Was für ein Gefühl: Dem Klassenerhalt ein gehöriges Stückchen näher und 2:0 nach 17. Minuten beim Effzeh. Es ging munter weiter. In der 37. Minute schoss Rob Maas das 3:0 für Arminia. Zur Pause führten wir also in Müngersdorf mit 3:0. Nach der Pause zeigte der FC erstmals sein Können und das in niemand Geringerem als Toni Polster. Der Wiener verkürzte auf 1:3, was der Stimmung im Block keinen Abbruch tat. Denn bereits in der 53. Minute steuerte Stefan Kuntz sein zweites Tor an diesem Nachmittag bei: 4:1. »So ein Tag, so wunderschön wie heute.« Die Kölner Fans waren mittlerweile zum Sarkasmus übergegangen und bejubelten den Arminia-Treffer. Immer, wenn Kraft einen Ball fing, brannte höhnischer Applaus auf. In der 64. Minute schoss Andersen den 2:4-Anschlusstreffer für Köln, aber das Spiel war gelaufen. Miletić und Kollegen ließen nichts mehr anbrennen. Vielmehr fiel noch ein Treffer für Bielefeld, durch Billy Reina in der 74. Minute. »Dann bleiben wir ja drin«, stellte ein jubelnder Arminia-Fan neben mir fest. Und so war es auch: Der grandiose 5:2-Sieg in Köln war das Fundament für den Klassenerhalt, der bald danach unter Dach und Fach war.

»Das war bestimmt ein Erlebnis auf Lebenszeit«, sagt Nina. »Gibt es viele Momente auf dem Fußballplatz oder Spiele, die du nie vergisst?«, will sie wissen. »Von denen du immer wieder träumst?« Klar gibt es die. Um sich immer wieder an eine bestimmte Partie zu erinnern, muss ich sie gar nicht unbedingt im Stadion verfolgt haben. Es gibt Begegnungen, die zu meinen schönsten gehören, obgleich ich sie nur im Fernsehen gesehen habe. »Ob ich die auch gesehen habe?«, murmelt Nina leise.

Stadionatmosphäre ist durch nichts zu ersetzen. Und wer sich noch nie ein Fußballspiel von den Rängen einer Kampfbahn aus angeschaut hat, kann von sich nicht behaupten, Fußball zu kennen. Fernsehen ist kein Ersatz für den Stadionbesuch. Die eindrucksvollsten Fußballspiele, an die sich ein Mensch erinnern kann, hat er selbst live erlebt. Niemals hätten sich des 4:0 gegen

Essen, der 5:2-Sieg in Köln oder das 3:1 beim BVB so sehr in mein Langzeitgedächtnis eingebrannt, wenn ich diese Spiele nur am Fernseher live verfolgt hätte.

Dennoch gibt es Begegnungen, die zu den schönsten in meiner Erinnerung gehören, obwohl ich sie nur am Bildschirm erleben konnte. Es ist wahr, in einige Spiele habe ich mich auf dem medialen Umweg verliebt. Das 3:2 zu Hause gegen Duisburg im Frühjahr 96 zum Beispiel ist eines meiner absoluten Lieblingsspiele. Wie Fritz Walter bereits in der zweiten Minute per Flachschuss ins MSV-Gehäuse traf, als der Fernseher noch gar nicht warm gelaufen war! Das war toll. Bielefeld ging in diesem Spiel dreimal in Führung, ließ Duisburg zweimal ausgleichen und lief nach 90 Minuten als beinahe sicherer Aufsteiger vom Platz. Viermal grenzenloser Jubel, obwohl ich schon nach dem ersten Juchee! von Henning, dem Wohnungsbesitzer, ermahnt wurde: »Mensch, die Nachbarn! Die Nachbarn!« Heidi, der andere anwesende Kumpel, freute sich allerdings diebisch darüber, dass ich mich nicht an die Anweisung hielt und nach jedem Tor wie rasend die Bude zusammenschrie. Noch mehr freute er sich aber über die Pizza, die ich ihm und Henning unten in der Kneipe ausgeben musste, weil ich nach dem 2:2-Ausgleich mal wieder ziemlich unvorsichtig geworden war: Pizza nach Wahl und Bier bis zum Abwinken für jeden, wenn wir heute als Sieger vom Platz gehen!

Herrlich und für immer unvergessen bleibt zudem der 5:0-Sieg gegen St. Pauli im Dezember 2017. Wie reife Früchte fielen die Tore, und ich war via WhatsApp mit meinem Cousin in Hamburg – St. Pauli-Fan – in Kontakt. »Verdient«, kommentierte er das Schützenfest nüchtern. Unvergessen ist natürlich auch die 5:0-Abfertigung des SSV Ulm auf der Alm. Ich hatte während des Spiels schon befürchtet, ich könnte es vielleicht in gar nicht so guter Erinnerung behalten aus Ärger darüber, diese Super-Party live im Stadion verpasst zu haben. Doch die Faszination der fünf wunderschönen Tore war größer: Ich träume noch heute von diesem Spiel, von Ronny Mauls Kracher, Rydlewicz' Heber und dem stotternden Ulm-Überläufer Fritz Walter, der im Interview ganz dreist irgendetwas vom Anschlusstreffer faselte, den er noch zu erzielen gedachte. Seltsam viele Leute haben diese Montags-Begegnung damals im DSF verfolgt. Menschen, die sonst kaum Fußball schauen, sprachen mich am nächsten Tag auf die tolle Partie und die Traumtore an. Übrigens erinnere ich mich auch an ein anderes, leider nur im TV erlebtes Ulm-Spiel sehr gerne; das 1:0 im Spätsommer 2000 war zwar kein schönes Spiel, aber es rettete mir den Ibiza-Urlaub, diese seltsame Partie, die ich mutterseelenallein in der vor Hitze dampfenden Hotelbar über mich ergehen lassen musste.

Was aber hätte aus der Begegnung Verl-Arminia werden können, wenn, ja wenn ich sie damals bei uns hätte empfangen können und wenn sie nicht nur 1:1 ausgegangen wäre? Auf jeden Fall habe ich mich auf dieses Spiel gefreut wie früher nur auf Weihnachten oder die Weltmeisterschaft: Arminia im Fernsehen! Live! Unglaublich, das gab's ja – noch nie, zumindest solange ich zurückdenken konnte. Auch wenn ich an diesem 1. Mai 1995 nicht ohnehin hätte zu Hause bleiben müssen, ich glaube, ich wäre nicht nach Verl gefahren, sondern hätte dieses erhabene, einmalige Gefühl genossen, die Blau-Weißen live vom Wohnzimmersessel aus beobachten zu können. Auf jeden Fall fieberte ich diesem Match entgegen, als würde es wer-weiß-was bedeuten. Und konnte es gar nicht begreifen, dass meine Bekannten die Brisanz und Einzigartigkeit dieses bevorstehenden Ereignisses nicht so ganz nachvollziehen konnten. »Schaut's euch an, tut euch mal was Gutes, und schaut Arminia an!« Ich sprach von dieser Partie, als wäre es ein auf der ganzen Welt ausgestrahltes WM-Endspiel und nicht ein durchschnittliches Drittliga-Match, das gütigerweise im WDR übertragen werden sollte. Und leider nicht einmal im gesamten WDR-Gebiet, wie ich schockiert bemerken musste, als es endlich soweit war. Hals über Kopf hetzte ich zu Thommy, dem Kumpel, der alle WDR-Regionalprogramme empfangen konnte. Doch es war schon zu spät; die zweite Halbzeit wurde nämlich leider nicht mehr übertragen.

Nina will mich trösten. »Ich hab's auch nicht gesehen«, so ihre Auf-
munterung. Hätte mich, ehrlich gesagt, auch gewundert. Das war
wirklich kein wichtiges Spiel, bekräftige ich noch einmal. Da gibt es
ganz andere Partien. Ob ich denn schon mal ein sauwichtiges Spiel
verpasst habe, möchte sie wissen. »So dass du dich unwahrschein-
lich geärgert hast hinterher.« Ich muss überlegen:

Im Terminkalender sind alle Spieltage verzeichnet. Logisch,
wichtige Termine müssen langfristig geplant werden. »DSC –
Köln« war schon lange vor Omas Beerdigung für den 3. Dezember 1998 vorgesehen. Sobald der Spielplan für die neue Saison
erscheint, notiere ich die Wochenenden im Kalender. Auf den
Tag genau geht ja nicht mehr, weil Anstoßzeiten kurzfristig mit
Fernsehsendern abgestimmt werden. Aber die wichtigen Eck-
daten sind ein dreiviertel Jahr im Voraus vermerkt: »DSC in
Lautern« am ersten Wochenende im September oder »DSC –
Wolfsburg« am Dienstag/Mittwoch Ende März. Ohne diese Ver-
merke könnte ich schlecht planen. Ich würde ins Ungewisse hinein leben. Job, Freizeit, Urlaub – alles muss rechtzeitig mit den
Spielen abgestimmt werden. Es richtet sich alles nach Arminia.
Fast alles. Die Beerdigung wäre vorgegangen, aber glücklicher-
weise ließ sich damals beides miteinander verbinden.

Der Nicht-Fan soll verstehen: Fußball-Anhänger planen Spiele
und Spieltage lange im Voraus und stellen sich auch frühzeitig auf die möglichen Auswirkungen der einzelnen Partien ein.
Auf getrübte Weihnachten zum Beispiel, weil das letzte Spiel
vor der Winterpause ausgerechnet bei den Bayern stattfinden
muss. Oder aber dass der Kick zu Hause gegen Unterhaching
meinen 30. Geburtstag vielleicht zu einem wirklichen Freudentag machen könnte. Wenn auch Beerdigungstermine ein halbes
Jahr im Voraus feststehen würden, hätte ich im Juli vielleicht
sogar gedacht: Ein Sieg gegen den Effze, der könnte den ganzen
Tag wieder rausreißen! Müßig, jetzt darüber nachzudenken. Wir
haben ja ohnehin nur 0:0 gespielt.

Wenn ich den Termin in den Kalender eintrage, weiß ich in

den allermeisten Fällen noch nicht, was mir an diesem Spieltag alles passieren, was dazwischen kommen könnte: Prüfungen? Keuchhusten? Friedensnobelpreis-Verleihung? Alles möglich. Aber ob mich das davon abhalten könnte, Arminia zu besuchen? Ganz selten nur steht schon Monate vorher fest, dass ich nicht dabei sein kann. Wenn zum Beispiel der Cousin aus Texas heiratet, der schon so oft gebettelt hat, man möge ihn doch endlich einmal in seinem Schloss besuchen, und überhaupt würde er Flug und alle anderen Kosten auch übernehmen … Dann zieht Arminia, leider, leider, den Kürzeren.

Was mir aber trotz der verlockenden Einladung von Anfang an Sorgen bereitete: Wo bekomme ich das Spielresultat her? Dass ich mir Monate vorher schon Gedanken darüber mache, wie ich meinen ganz persönlichen Ergebnisdienst organisiere, kommt selten vor. Normal hingegen ist, dass ich mir für jedes Spiel, welches ich nicht live mitverfolgen kann, eine kurzfristige Ergebnisstrategie zusammenstellen muss: Wann, wo und wie erfahre ich das Ergebnis? Die Resultatabfrage exakt zu planen, war früher mitunter ganz schön vertrackt. Denn ich musste das Ergebnis unmittelbar nach Abpfiff wissen. Sonst wäre ich verrückt geworden. Den Live-Bericht im Radio mitverfolgen konnte ich auch nicht, und von Smartphones konnte man damals nur träumen. Das machte mich auch verrückt.

Kaum vorstellbar, dass ein Fußball-Fan das Spiel seiner eigenen Mannschaft nicht ertragen kann. Ich glaube, es war das Spiel in Bochum, der 3:2-Sieg aus dem Jahr 1984, der den Anstoß zu meiner seltsamen Scheuklappen-Taktik gab: Nach Pagelsdorfs Ausgleich zum 2:2 eine Viertelstunde vor Schluss schaltete ich das Radio aus. Es wäre einfach zu viel für mich gewesen, die letzten 15 Minuten noch live mitzuerleben zu müssen, so nervös war ich. Vom Siegtreffer erfuhr ich damals erst am nächsten Tag aus der Zeitung.

Seitdem meide ich Radioübertragungen. Ich schaltete vor Smartphone- und Internetzeiten die Kiste erst ein, wenn das Spiel vorbei war. Manchmal war ich zu früh, dann versuchte ich die letzten Minuten oder Sekunden bei laufendem Kommentar zu überstehen, zitternd – es sei denn, Arminia führte mit drei Toren Vorsprung. Manchmal war ich auch zu spät, und grauenvolle, nicht enden wollende Musik setzte mir zu, bis der Reporter nach den Eishockey-, Tischtennis- und Wasserballergebnissen endlich die Fußballresultate wiederholte. Die Beatles oder Phil Collins können ganz schön grausam sein, wenn man in banger Ungewissheit dahin schmilzt und nur eines, wirklich nur eines im Sinn hat: das Ergebnis aus Fürth.

Ich versuche solche furchtbaren Momente zu vermeiden. Mit geschickter und rechtzeitiger Planung lässt sich derartigen Situationen vorbeugen. Früher war es so, dass zur rechten Zeit ein Radio verfügbar war. Vor der Party ließ sich das Resultat noch schnell aus dem Autoradio erfahren. Heute ist das ganz anders. Ich bin nicht mehr aufs Radio oder Fernsehen angewiesen. Das mobile Telefon hat – genauso wie »Sky« – alles verändert. Welch wunderbare Momente habe ich verbracht, als ich aufs kleine Display schaute. Und was für schreckliche Tiefschläge habe ich mit Handy in der Hand erlebt. Lange Autofahrten, zum Beispiel nach Hamburg fallen nicht selten mit Spieltagen zusammen. Und dann stoppe ich kurz zwischendurch, um das Zwischenresultat zu erfahren. Ein paar Mal war ich auch in der Bahn, während ein Arminia-Spiel lief. So habe ich eines der schönsten und legendärsten DSC-Spiele im Zug miterlebt: das 6:0 daheim gegen Braunschweig im Frühjahr 2017. Ich konnte gar nicht so schnell das Telefon aktualisieren, wie die Treffer fielen. Ja, das war, glaube ich, meine schönste Fahrt mit der DB-Bahn. Und die Verspätung, die wir natürlich hatten, machte mir rein gar nichts aus.

Aber nach wie vor ist mein Leben nach Spielzeiten getaktet. Feten beginnen daher für mich niemals vor Spielende. Kneipenbesuche kann man kurz unterbrechen. Bekannte gucken zwar mitunter etwas irritiert, wenn sie mich vor der Kneipe hocken sehen, doch das ist in solchen Momenten völlig egal. Ich weiß auch, dass es unhöflich ist, während eines Treffens aufs Handydisplay zu schauen. Aber manchmal geht es nicht anders. Früher hatte ich auch keine Probleme damit, energisch bei Freunden oder Bekannten nach einem Radio zu verlangen, wenn die Zeit dafür gekommen war. Bisher hat mir noch niemand die Ergebnisabfrage verwehrt, wahrscheinlich auch deswegen, weil sich alle schon große Sorgen machten wegen meiner aschfahlen Gesichtsfarbe.

Wenn der Abpfiff naht, verlasse ich Konferenzen, beschließe Pressetermine und unterbreche den heißesten Flirt. Es geht einfach nicht anders. Bevor ich den Endstand nicht weiß, kann ich mich auf nichts mehr konzentrieren. Wie zäh und nichtssagend der Nudelsalat schmecken kann, wenn man nur an das Spiel gegen Unterhaching denkt. Erst nachdem ich mich kurz aus der Redaktions-Weihnachtsfeier ausgeklinkt und im dunklen Hinterzimmer vor dem uralten Transistorradio geschmort hatte, wollte mir das Bierchen schmecken: »1:0, Kollegen, die Party kann beginnen!«

Eine andere Feier war jene bei Ariane. Diese hatte sich schon darüber gewundert, dass ich mein Eintreffen für exakt 21.50 Uhr angekündigt hatte. Als ich dann um diese Uhrzeit tatsächlich auch vor der Tür stand und Ariane zur Begrüßung stürmische Küsse entgegennehmen durfte, wusste sie Bescheid: Fußball! Arminia!

3:1 hatten wir die Ruhrstädter abgeledert, und bis ich durch die Siegesnachricht erlöst wurde, waren extrem grausame Minuten vor dem Autoradio vergangen. Ich weiß nicht warum, aber selten habe ich so sehr gebangt wie an diesem Freitagabend; immer wieder der Blick zur Uhr, den Moment abwartend, an dem ich die Hank-Williams-Kassette herausdrücken und gleichzeitig via Äther zur Alm rüberschalten würde. Es war unmöglich, einen Gedanken an Arianes selbst gemachte Frikadellen oder das kühle Bier in ihrem Kühlschrank zu verschwenden. Ich spürte weder Hunger noch Durst. Dafür klopfte mein Herz, hämmerte wie wild in unregelmäßigem Galopp. Hab' ich Arminia an diesem Abend verflucht! »Ich sterbe, ich krieg' nen Herzinfarkt, und alles nur wegen Fußball!« Doch die Pumpe hielt. Und ganz, ganz langsam beruhigte sie sich wieder, nachdem die wunderbare Nachricht aus Bielefeld bei mir angekommen war. Der Abend bei Ariane wurde wirklich schön.

»Was hast du denn immer nur mit den Bochumern?«, will meine Zuhörerin wissen. »Gibt's dafür einen Grund, dass du bei diesen Spielen immer so nervös bist?« Eigentlich nicht. Ich muss lachen. Wenn ich ihr jetzt erzähle, dass mir bei einem anderen Mal gegen den VfL (1:3 zu Hause, zweite Liga 1997) beim Radio hören vor Nervosität die Füße eingeschlafen sind, glaubt sie, ich übertreibe. Oder will womöglich noch Mitleid erregen.

Vielleicht, erkläre ich ihr, lässt mich der Hass so zittern. Kaum einen anderen Verein verachte ich so sehr wie den VfL Bochum. Das war schon immer so. Während ich gegen den MSV Duisburg eigentlich gar nichts habe, war mir der VfL schon immer zuwider. Grundlos, ohne Anlass, versuche ich ihr zu erklären. Sie kann es einfach nicht begreifen, dass es so etwas wie einen natürlichen, instinktiven Fußballhass gibt. Eine Abneigung, eine Antipathie, die aus dem Bauch geboren und nicht im Kopf entschieden wird. Die mich, höchst wahrscheinlich, mein ganzes Leben lang begleiten wird. »Und dir ist wirklich nie etwas mit dem VfL, dir ist nie etwas Unangenehmes in Bochum passiert?«, bohrt sie weiter. »Ich kann ja vielleicht verstehen, dass man einen Verein nicht mag, weil der zu einer Stadt gehört, zu der man kein gutes Verhältnis hat.« Und dann zählt sie Beispiele auf: Marburg, weil ihr dort einmal ein Autoreifen zerstochen worden ist. Mannheim, der Ort, wo ein ihr heute sehr unsympathischer Ex-Freund herstammt. »Auch an Paris hab' ich unheimlich schlechte Erinnerungen, nachdem ich dort während der Klassenfahrt fast eine Woche lang nur gekotzt habe«, sagt sie. »Aber Bochum ist doch ganz nett, eine Ruhrgebietsstadt wie jede andere...« Sie sieht mich an und merkt: So kommen wir nicht weiter! Es gibt Hass, der lebt ohne Gründe, genauso wie manche Liebe. Und so ist es auch beim Fußball. Ich hab's ihr ja schon erklärt, und sie hat es ja jetzt auch verstanden, wie ich zu Arminia kam: erblindet in jugendlicher Verliebtheit.

Genauso wenig, wie es für das Anbandeln mit dem DSC auch nur irgendeinen nachvollziehbaren Grund gibt, muss ich jede Erklärung schuldig bleiben, warum ich nun einmal die Bochumer mehr hasse als die Schalker oder den BVB.

Und das Zittern, die Angst, die Furcht? Eine Niederlage gegen den erklärten Feind wiegt schwerer als die gegen einen gewöhnlichen Gegner; also bebe ich besonders, wenn wir uns gegen den VfL beweisen müssen. Es geht um mehr als bloß um Punkte, es geht um, es geht um... »Blut und Ehre?«, fällt sie mir da plötzlich ins Wort und guckt fast ein wenig spöttisch. Nein, nicht um Blut und Ehre. Es geht um vergossene Tränen.

Das Stichwort lässt sie aufhorchen. So viel hat sie jetzt schon über Gefühle, Emotionen, tiefe Trauer und Glückseligkeit gehört, über Stolz und Freude, Depressionen und Hass – aber Tränen? Über Tränen habe ich noch kein Wort verloren. Sie ist wieder voll bei der Sache:

Können Arminia-Fans eigentlich weinen?

Manchmal frage ich mich wirklich, warum ich beim Fußball nicht weinen kann. Dann wäre vieles leichter. Als Kind konnte ich weinen. Fast jeder Schmerz war danach vergessen. Nach mancher Niederlage habe ich mir schon gewünscht, wieder wie früher weinen zu können. Im Traum kann ich es. Im Traum kann ich viele Sachen, die mir in Wirklichkeit nicht gelingen. Ich fahre Motorrad. Ich stehe auf einer großen Bühne und singe. Ich schlafe mit Mädchen, an die ich mein Leben nicht heran komme. Und ich weine. Über Katastrophen, seltsame Dialoge und Niederlagen. In meinen Träumen spielt Arminia seltsamerweise noch schlechter als in der Realität.

Ich sehe mich noch heute häufig auf der Bank unter dem großen Baum sitzen, im kleinen Park gleich schräg bei mir vor der Haustür. Einmal saß ich dort, als sich die Liebe mit dem oben erwähnten Mädchen zerschlagen hatte, plötzlich, unerwartet und heftig. Es war spät, ich besoffen und der Weg ins Bett nicht weit – doch ich blieb sitzen, und meine Gedanken wollten einfach nicht zur Ruhe kommen. Genauso ging es mir ein Jahr später an derselben Stelle. Kurz vorher hatte Arminia zu Hause 1:2 gegen Jena verloren. Jeder Leser, der sich jetzt schon das Lachen kaum verkneifen kann, sollte am besten die nächsten Zeilen überspringen: Ich wünschte mir in diesem Moment auf der Parkbank nicht mehr, als endlich weinen zu können. Aber es ging nicht. Es ging einfach nicht, genauso wenig wie zwölf Monate vorher, als mich der Liebeskummer schüttelte.

Liebeskummer ist dem Fußballkummer durchaus ähnlich. Beide machen lethargisch, müde, appetitlos. Der Gebeutelte weiß, dass ihm Ablenkung gut tun würde, doch sucht er lieber die Isolation und das einsame, stille Eckchen. Warum nur? Ich will nicht nachdenken, weder nach der einen noch nach der anderen Niederlage. Ich will nur meine Ruhe haben vor dem Rest der Welt. Und versinken. Deswegen finde ich mich nach einer überraschenden Arminia-Schlappe plötzlich auf jener Bank wieder, auf der ich einst mein Liebesleid aussaß.

Beim 0:1 gegen Karlsruhe, damals im Winter, als auf der Alm die Rasenheizung ausgefallen war und Georg Koch auf der Torlinie ausrutschte, war ich dem Heulen sehr nahe. Bei jeder vertanen Ausgleichschance jammerte ich mit verzerrtem Gesicht vor mich hin. Doch keiner erhörte mein Klagen: Weder Labbadia, der weiterhin jede gute Möglichkeit verstolperte, noch der indisponierte Flankengott Jörg Bode, und auch Simon Jentzsch tat mir nicht den Gefallen, endlich einen Ball durch seine Handschuhe gleiten zu lassen. Hätten meine Tränen den Karlsruher Keeper erweichen können? Höchst wahrscheinlich nicht. Jentzsch ist ein eiskalter Typ. So eiskalt wie jener Abend, an dem jede vergossene Träne sofort gefroren wäre. Vielleicht hat es deshalb auch wieder nicht geklappt mit dem Weinen.

Dass Fußballfans weinen können, weiß ich. Nicht nur aus dem Fernsehen, wenn sie dort geschockte Zuschauer zeigen, die eben mit der grausamen Realität konfrontiert worden sind: Abstieg oder Ausscheiden aus einem Turnier. Auch in echt bin ich flennenden Schlachtenbummlern schon häufig begegnet. Irgendwie haben mir die 96er-Fans sogar leid getan, als sie 1996 von der Alm schlichen: geknickt, besiegt und in die Drittklassigkeit verbannt. Schluchzend huschten einige »Rote« über den Kreisverkehr und konnten es einfach nicht halten, das Wasser der Enttäuschung. Erwachsene Männer, die sich gegenseitig abstützen und denen die Tränen nur so herunterlaufen. Kein schönes Bild eigentlich. Aber verzeihlich.

Aber auch Freudentränen versiegen, bevor sie meine Augen verlassen können. Wenn ich einen großen Sieg oder gar einen Aufstieg erlebe, jubele ich oder schweige andächtig und ehrfurchtsvoll. Aber heulen? Ist mir noch nie passiert, wenn ich mich über irgendetwas gefreut habe. Einige Male hatte ich Freudenheuler schon in Verdacht, allein eine dicke Show abziehen zu wollen. Als Matthes, der schlacksige Fortuna-Matthes, zum Beispiel beim Aufstieg von Düsseldorf in Chemnitz mit tränenverschmierten Gesicht orientierungslos über den Rasen steuerte und jeden umarmte, der ihm in den Weg kam. Das sah mir damals sehr nach einem allzu aufgesetzten Freudentaumel aus. Vielleicht kann Matthes auf Kommando weinen wie Schauspieler. Vielleicht waren die Tränen aber auch so echt wie seine Gefühle. Wahrscheinlich sogar, denn ich habe Matthes noch einmal heulend erlebt, beim Fortuna-Spiel in Karlsruhe war das. Da gab's jedoch nichts zu bejubeln: Nach der Pokalschlappe beim KSC flennte Matthes wie ein Kind, und zwischen den Schluchzern vernahm man immer wieder »Aleks, Aleks, was hast du uns nur angetan?«

Wahrscheinlich aber kann ich beim Fußball nicht weinen, weil ich es peinlich finde. Nicht dass ich falsch verstanden werde: Gefühle zeigen ist okay. Aber weinende Gesichter nach der Fußball-Katastrophe haben so etwas Pathetisches, das große Gefühl, auf das sich die Fernsehkameras immer so gerne stürzen. Heulende Fans sind spektakulär, genauso wie prügelnde Hooligans oder halbnackte Zuschauerinnen mit albernen, bunten, hohen Hüten. Diese Bilder spiegeln jedoch nur einen ganz kleinen Ausschnitt aus der Welt des Fußballfans wieder. Es gibt viel mehr gemäßigte, nicht verkleidete und friedliche Fans, die nach einer Niederlage auch nicht viel anders aussehen als nach einem Sieg. Für das Fernsehen sind aber nur Extreme interessant, nur die großen Gefühle eben, nicht die mittleren, unspektakulären. Deswegen weine ich nicht. Weil ich nicht herumgereicht werden will wie die plärrenden Gören mit ihren von tränenverschmierten Gesichtsbemalungen nach dem Lautern-Abstieg. Ich trauere ohne Tränen. Wer etwas von Fußballfans versteht, sieht mir den Schmerz trotzdem an. Und er wird sich hüten, die inneren Tränen geringer zu schätzen als jene sichtbaren.

Ich weiß gar nicht genau, wann ich das letzte Mal überhaupt geweint habe. Ich glaube, es war beim Tod meines Vaters im Sommer 2002. Er starb daheim, im Kreise aller seiner fünf Kinder und meiner Mutter. Es war ein Sonntag, an dem Arminia gegen Werder gewann. Aber die Freude darüber wurde an diesem Tag mehr als getrübt. In Verbindung mit Fußball habe ich an meinen Vater nur wenige Erinnerungen. Er war kein Fußballfan, obgleich er häufiger betonte, den VfB Stuttgart damals in seiner Studentenzeit zur »Meisterschaft geschrien« zu haben. Aber Vati war später auch kein Stuttgart-Anhänger mehr. Er schaute Länderspiele und einmal – ja, ich glaube, es war nur einmal – mit mir zusammen ein Arminia-Spiel. Damals, im DSF am Montagabend. Eine Heimniederlage gegen Nürnberg. Mein Vater wollte mich irgendwie trösten, aber das klappte nicht. Die Situation mit ihm im Zimmer war mir irgendwie unangenehm. Wenn ich daheim Arminia schauen wollte, war ich gerne alleine. Ich konnte mit meinem Vater nicht über Fußball reden, genau so wenig – oder vielleicht noch weniger – mit meiner Mutter. Fußballthemen, Freud oder Leid, waren weitestgehend tabu. Und das, obwohl sich mein Vater mit mir freute, auch über den Aufstieg im Jahre 2002 kurz vor seinem Tod. Auch wenn er schon sehr krank war, registrierte er den Triumph seines Sohnes.

Es ist nicht schlimm, dass sie alles andere als mitleidig guckt. Jeder Anflug von Mitgefühl wäre geheuchelt. Ich würde ja auch ihre Tränen über den Tod eines ihrer Zwergkaninchen nicht verstehen. Dabei gibt es im Sport auch ernste Tränen. Solche, die aus Todestrauer vergossen werden. Wir Fußballfans sind imstande, wahre Katastrophen und Tragödien zu erkennen. Das soll das Mädel bei mir am Tisch wissen. Ob sie sich noch an Brüssel und das Heysel-Stadion erinnert? »Ja, dunkel – hast du da geweint?«, fragt sie zurück. Nein, das nicht. Aber ich war sehr traurig. Wie überhaupt die immer noch nicht ausgestorbenen Hohlköpfe im Stadion nach wie vor ein Grund zum Heulen sind.

Es gibt unendlich viele Fußballfans. Nicht mal ein Prozent davon sind wirklich potenzielle Gewalttäter oder Hooligans. Wie eigentlich alle friedliebenden Fußballanhänger lehne ich nicht nur Gewalt im Stadion unter Fans, sondern auch im Allgemeinen ab. Es ist für vernünftige Fans überhaupt keine Frage, welche Position sie einzunehmen haben: die diesseits des Zaunes, hinter dem sich die Durchgeknallten mit anderen Durchgeknallten oder, wahlweise, mit der Polizei prügeln. Aber doch schnellt mir der Blutdruck beim Anblick solcher Szenen nicht nur aus Verachtung in die Höhe; irgendetwas fasziniert, bannt, hält fest. Fußball, pulsierendes Leben, Emotionen und Aggressivität – auch vernünftige Fans können sich davon nicht frei sprechen.

Einen Hooligan verstehen kann wohl nur ein ebenfalls Fußballbegeisterter. Anders ist die Motivation, die den Klatscher immer wieder zum Klatschen treibt, nicht nachzuvollziehen. Dabei ist es gar nicht einmal die Aggressivität des Sports, die transformiert und auf einer anderen Ebene ausgetragen wird. Es ist diese außerordentliche Spannung, das fiebrige Zittern vor, während und nach dem Duell. Es ist das aufgewühlte Gefühl, mit dem wir die dünnen Seiten der Zeitung durchblättern auf der Suche nach Tabelle und Spielbewertung. Es ist diese immerwährende Gereizt- und Wachheit, die nicht mit dem Abpfiff zu Ende ist, sondern unseren Alltag, unser ganzes Leben durchzieht. Dieses immerwährende Konkurrenzdenken, die allzeit gegenwärtige Präsenz des Widersacher-Kollektivs, der lauernden Ligakonkurrenz. Ein Fan ist immer im Fight. Er fürchtet, verflucht, droht und triumphiert. Ständig. Mal laut und heftig, aber meistens leise und latent. Weil ich dieses Gefühl kenne, verstehe ich die Hooligans.

All diese geballten Emotionen entladen sich im Fight. Dass Hooligans eigentlich keine Fußballfans sind, ist Quatsch. Sie verspürten keinen »Kitzel«, würden sie nicht auch das Vibrieren der sportlichen Herausforderung kennen. Die Mutter des Kampfinstinktes ist die Jagd nach dem Ball. Nicht nur das den Rowdys immer wieder unterstellte Desinteresse am Fußball ist ein Märchen; auch die Geschichten vom Ehrenkodex unter rivalisierenden Hools und der sich angeblich quer durch alle Gesellschaftsschichten ziehenden Sozialstruktur sind Unfug. Und diese Tatsache rechtfertigt auch die ablehnende Haltung, die vernünftige Fans gegenüber den Krawallmachern einzunehmen haben: Es darf nicht sein, dass Außenstehende in Schlägereien

und Ausschreitungen verwickelt werden. Wenn die Primitiven –
und es sind nur jene, die den Streit beim Fußball suchen – nicht
unter sich bleiben können oder wollen, ist für sie kein Platz in der
Fangemeinde. Der angeknackste Ruf des Fußballfans darf nicht
noch weiter belastet werden. Ich und viele andere können es einfach nicht akzeptieren, dass man uns schlechter einschätzt, als
wir tatsächlich sind. Warum soll ich unter einem Image leiden,
das einige wenige Degenerierte zu verantworten haben? Es geht
um meinen, um unseren und letzten Endes um Arminias Ruf.
Er ist zu schade, um ihn tatenlos dabei stehend kaputt machen
zu lassen.

Und dennoch gebe ich zu: Es ist fraglos ambivalent, mein Verhältnis zur Fußball-Randale. Ich kann mich nicht entscheiden,
ob ich hingucken will oder nicht? Finde ich's aufregend oder
einfach nur widerwärtig? Es ist genauso wie mit nackten Menschen am Strand, die Blicke auf sich ziehen, obwohl es sich nicht
gehört, hinzustarren. Doch Anziehungskraft siegt über Moral.
Der tief verwurzelte Fußballinstinkt lässt sich nicht ignorieren.
Das merke ich leider immer, wenn über Fußballausschreitungen
berichtet wird. Als im Frühjahr 1998 die Fans von Waldhof und
Offenbach aufeinander los gingen und rund um den Bieberer
Berg eine Straßenschlacht veranstalteten, titelten die Zeitungen
mit Fotos gepanzerter Wasserwerfern. Krieg unter Fans. Über-
kochende Emotionen. Pulsschlag 160 und Gänsehaut. Irgendwie war es genau mein Ding, was da abging. Andererseits auch
nicht. Aufgeregt, mit klopfendem Herzen verschlang ich alle
Nachrichten. Ich konnte sie verstehen, diese Deppen. Aber ich
hasste sie trotzdem. Ich weiß, es geht vielen ähnlich. Die Faszination, das Interesse an Hooligans und ihren Schlachten wurde
während und besonders nach der WM 1998 von den Medien
kontinuierlich geschürt. Mit einer Mischung aus Spannung und
Furcht erwartete dann die Welt – die nicht nur aus Fußballfans
besteht – die EM in Holland und Belgien. Kurz vorher hatten die
für zwei Engländer tödlichen Auseinandersetzungen zwischen
Arsenal- und Galatasaray-Anhängern ganz Europa aufgewühlt.

So viele Menschen sich daraufhin auch betroffen zu Wort meldeten und die Geschehnisse zu kommentieren versuchten – die ganze Tiefe dieser Dramatik erschloss sich nur einigen wenigen: den echten Fußballfans.

Stärker berührt als diese Ereignisse von beinahe globaler Bedeutung haben mich aber dennoch die Geschehnisse von Offenbach. Sie waren näher, nicht nur örtlich gesehen. Ich bin eher in der Regionalliga als in der Champions League zu Hause. Große Gefühle beim Kampf der Kleinen. In der »Versenkung« offenbart sich der wahre Fußballgeist; wer hier fightet, beweist bedingungslose Treue und zeigt, dass auch oder gerade in den unteren Ligen Emotionspotenzial steckt. So versuche ich, selbst dieser objektiv zu verurteilenden Randale eine positive Seite abzugewinnen. Sie bestätigt: Hier unten geht's ab, hier pulsiert Fußballgeist. Die Liga lebt.

Einen wichtigen Part im Nervenkitzel Fußball nimmt fraglos die Polizei ein. Und es sind tatsächlich nicht mehr nur Hooligans, für die der Stadionbesuch durch die Präsenz der Ordnungshüter an Brisanz gewinnt. Polizeiarmeen auf dem Fußballplatz, demonstrativ zwischen die beiden Fanlager gestellt, multiplizieren die Rivalität, bestärken das Gefühl, »die da drüben« wirklich hassen zu müssen. Das ist vielleicht der positive Aspekt der Staatsgewalt im Fanblock. Andererseits ufert die demonstrative Präsenz von Schlagstock und Helm nicht selten in ungewollte Provokation aus.

Ungewollt? Willkürliche Polizeigewalt im Stadion, Eskalation statt Deeskalation – kein neues Thema, aber auch längst nicht vom Tisch und daher immer wieder aktuell. Ich muss dazu ganz klar sagen, dass ich selbst niemals in direkten Konflikt mit der Polizei geraten bin. In all den Jahren hat mir kein Ordnungshüter im oder um das Stadion herum irgendein Leid angetan. Jedoch habe ich vor ungerechtfertigten Gewaltübergriffen seitens der Polizei nicht nur aus dem direkten Bekanntenkreis gehört, sondern entsprechende Szenen mehrmals beobachtet: In Köln eskalierte der Fehltritt eines betrunkenen Arminen, der einem Polizisten halb auf den Fuß getreten war, in einer handfesten Rangelei. Der Ordnungshüter hatte den »Ausfallschritt« völlig überflüssig und willkürlich als Angriff gewertet und überaggressiv reagiert. Ein anderes Mal in Karlsruhe fragte ein Arminia-Fan einen Polizisten nach Feuer. Der tat so, als hätte er den Bielefelder nicht verstanden und fühlte sich anscheinend dadurch provoziert, dass der Fan vor der Gruppe Polizisten stehen blieb und seine Frage wiederholte. Mit bitterbösem Gesicht und in garstigem Tonfall wies der Grün-Weiße dem Blau-Schwarz-Weißen demonstrativ den Weg in Richtung Block – eine vollkommen unnötig angeheizte Situation, in der ein Akt der so viel gepriesenen Deeskalation für den Beamten so einfach gewesen wäre.

Die »Fronten« scheinen klar verteilt; hier die wörtlich zu nehmende Staatsgewalt, die wie ganz selbstverständlich die Obrigkeit repräsentiert, und dort die Befohlenen, anweisungs- und überwachungsbedürftig. Wie brüchig diese scheinbar unumstößlichen Machtverhältnisse sind, lässt sich leicht demonstrieren und verblüffte mich mehrmals. Verblüfft nämlich, gar völlig irritiert, waren die Stadionbeamten selbst, wenn sie urplötzlich in ihrem Gehege mit einem Rollenwechsel konfrontiert wurden, der ihre Vorstellungskraft überforderte: Fanschal und Journalist scheinen nicht zusammen zu passen. Wie schnell die grimmigen Glieder der Polizeikette zu kuschenden Dienern werden, sobald sich ihnen aus der Masse des Mobs ein Mensch, offensichtlich gar ein vernünftiger, entgegentritt, ist schon erstaunlich. Ich hatte niemals vor, den Presseausweis in irgendeiner Weise im Stadion auszunutzen, doch wenn ich in Köln oder Duisburg einmal um die gesamte Arena herumlaufen müsste, um zu meinem eigentlich ganz nah gelegenen Auto zu gelangen, nutze ich dieses Privileg und schaffe mir freie Bahn. Der Sonderstatus hat mir und meinen Begleitern unter Umständen noch ganz andere Umwege erspart; in Essen an der Hafenstraße nämlich wurden die Gastfans nach dem Schlusspfiff nicht nur eine Dreiviertelstunde lang in ihrem Block festgehalten, sondern danach im Pulk zum

Bahnhof eskortiert und in die dort wartenden Waggons beför-
dert – obgleich einige der Eskortierten gar nicht mit der Bahn,
sondern mit dem Auto gekommen waren. Doch sie hatten keine
Chance, den Beamten dies klar zu machen und mussten tatsächlich später wieder nach Essen anreisen, um ihre Autos abzu-
holen – unglaublich, aber wohl kein Einzelfall. Ähnliches, so
wurde mir berichtet, sei auch schon in Mönchengladbach und
Rostock passiert.

Kontrastreicher als einmal in Aachen habe ich das Auftreten
der Polizei jedoch nie erlebt. Es war ein urplötzlicher Wechsel
von scheinbar unantastbarer Macht bis hin zu Demut, nein: tota-
ler Eingeschüchtertheit. Vor dem Spiel hörte ich auf der Stadion-
toilette, wie ein Arminia-Fan sich bei einem anderen über die
soeben erlebte Begegnung mit der Polizei beklagte. »Sie sind hier
beim Fußball, hier haben sie keine Rechte, hat der Polizist zu mir
gesagt«, berichtete der Fan – und ich schaltete mich spontan ein.
Ob er mir den Beamten zeigen könnte, fragte ich den Fankol-
legen, und er konnte: Irgendwie schaute der bullige Ordnungshüter schon sehr verunsichert drein, als mein »Informant« auf
ihn wies, und als ich auf den Polizisten zusteuerte, schien er sich
sehr unwohl zu fühlen und wäre am liebsten verschwunden. Ich
stellte mich vor, präsentierte den Ausweis und fragte: »Haben
sie eben einem Fan gesagt, er habe hier keine Rechte?« Ja, genau
das habe ich gefragt, eine Antwort, die ich nie erhalten habe,
hatte ich auch gar nicht erwartet. Mir genügte das sprachlose Gesicht des Beamten, sein peinliches Schweigen und die irritierten
Blicke seiner Kollegen auf ihn, auf mich und dann wieder auf
ihn. Ich genoss die Situation und spürte die sichtliche Furcht
des Polizisten, ich würde jetzt nach seinem Namen und dem
seines Vorgesetzten fragen. Keine Ahnung, wie die Geschichte
weitergegangen wäre, hätte ich's getan. Doch ich fand, in diesem
Moment sei spontan ein Akt der Vorbildlichkeit angebracht und
verzichtete auf das »Melden«.

Natürlich gibt es Spiele, die zum Heulen sind. Dass Dortmund
kein wirklich gutes Pflaster für Arminia ist, ist seit dem 1:11-De-

bakel am 6. November 1982 kein Geheimnis mehr. Schlimmer kann ein Spiel nicht sein. Das Spiel habe ich damals nur in der »Sportschau« gesehen, aber ich sollte später mein ganz eigenes Live-Debakel in Dortmund erleben. Es war der 7. Dezember 2007, und Urs und Urs waren zu Gast bei uns in Mettmann. Eigentlich heißen die beiden gar nicht so, aber sie sind Schweizer, und ich konnte mir anfangs die Namen nicht merken, so nannte ich die beiden Young-Boys-Bern-Fans ganz einfach Urs und Urs. Spechti, mein Kumpel, mit dem ich während der WM 2006 von Spiel zu Spiel gereist bin, und ich hatten die Schweizer bei der EM in Portugal kennen gelernt. Und einmal im Jahr machen Urs und Urs eine Fußball-Reise durch Europa. Diesmal besuchten sie Deutschland. Sehr zu Spechtis und meinem Unbehagen hatten die Schweizer zuvor einen Stopp in K-Stadt (so nennen Fortuna-Fans wie Spechti die verbotene Domstadt Köln) eingelegt und waren dann zum Spiel Dortmund-Arminia angereist. Sie wollten »ein packendes Spiel mit vielen Toren« sehen, als ganz neutrale Zuschauer. Leider – aus Bielefelder Sicht – ging ihr Traum in Erfüllung. Wir standen im Gästeblock, und der BVB legte los wie die Feuerwehr. Bereits in der 13. Minute fiel durch einen Dortmunder, an den ich mich gar nicht erinnern will, das 1:0 für die Gelb-Schwarzen. Lange Gesichter im Gästeblock. In der 19. Minute schoss Schuler ein Eigentor – 0:2. Mit diesem Resultat ging es in die Pause. Dortmund hatte sich in der ersten Hälfte nur warm geschossen. In der 47. Minute bereits fiel das 3:0. Der letzte Hauch einer Möglichkeit, hier etwas mitzunehmen, war dahin. Arminia war viel zu harmlos, und ab und zu registrierte ich einen mitleidsvollen Blick von Urs und Urs auf mich. Vor allem, als in der 55. Minute das 4:0 für die Gastgeber fiel. Nun war die Klatsche unausweichlich. In der 61. Minute erhöhten die Schwarz-Gelben auf 5:0 und in Minute 67 auf 6:0. Ich kann mich an keines der Dortmunder Tore noch erinnern, wohl aber an den Ehrentreffer durch Kirch, der mit Hilfe von Weidenfeller in der 81. Minute den Ball über die Linie bugsierte. »Seht ihr Schweizer, wir können's ja doch«, rief ich den Eidgenossen zu, und die bedankten sich hinterher bei mir für ein schönes Spektakel. »Aber für euren Trainer wird's eng«, meinte ein Urs. Womit er recht behalten sollte.

Nina lehnt sich zurück, setzt diesen berühmten Psychothera-peuten-Blick auf und schlägt die Zigarettenschachtel resolut auf die Tischplatte. »Bisher dachte ich eigentlich, Fußballfans sind immer nur gut drauf und feiern«, beginnt sie. Nun aber hätte sie plötzlich ganz vielen anderen Facetten der Vereinstreue kennen gelernt, und zwar vorrangig quälende: Enttäuschung, Nervosi-tät, Einsamkeit. Neid, Hass, Trauer. »Und es ist ja nicht so, als würdest du das nicht sehen«, hält sie mir vor. Ich würde ja selbst detailliert davon berichten, wie schmerzvoll die Fußball-Liebe sein kann. Ihre Frage: »Warum tust du dir das an?« Wie kann ein Mensch freiwillig eine zusätzliche Last, wie es die Vereinsleiden-schaft offenbar ist, auf sich nehmen?, will Nina wissen. »Lass es doch bleiben, lass' die Finger vom Fußball; du musst dir Arminia abgewöhnen«, sagt sie nachdrücklich und schaut mich beinahe flehend an. So flehend, wie Mama guckt, wenn sie die Notwendig-keit des Latein-Übens unterstreicht oder der Drogenberater, der die unbedingte Abstinenz fordert. Mit einem Mal verschwinden die harten Züge aus ihrem Gesicht. »Oder geht das nicht?«, fragt sie. »Sag, kann ein Fan sich Arminia abgewöhnen?«

Wäre es eigentlich gut, wenn man sich Fußball einfach abge-wöhnen könnte wie Rauchen oder Nägelkauen? Mit eisernem Willen und konsequentem Verzicht langsam Abstand gewinnen von der Droge oder der Unart, das hat bestimmt schon jeder einmal irgendwie versucht. Beim Fußball klappt es aber nicht, so sehr man ihm auch abschwört, verzichtet oder aus dem Weg geht. Das steht fest. Deswegen stellt sich allenfalls die Frage, ob es gut wäre, wenn es ginge, rein hypothetisch. Ich weiß es nicht. Ist Abgewöhnen schmerzloser als ein abrupter Bruch?

Einige Male habe ich mich schon gefragt, warum denn nicht bitte irgendetwas geschehen und mir den Arminia-Wahn mit einem Schlag austreiben könnte. Ein bitterböses Erlebnis, das ein permanentes Desinteresse am Schicksal der Arminia zur Folge hat. Knall, peng, Liebe aus. Wie weit man sinken muss, um sich zu wünschen, lieber zu hassen als zu lieben? Bis zu jenem Punkt, an dem die Liebe mehr Schmerz als Freude bereitet. Am Tiefpunkt angelangt, in der Talsohle des Fußballlebens, verflucht jeder Fan seine Treue. Er hasst es, den Verein zu lieben. Wie schön wäre es doch, wenn ich mich überhaupt nicht für Fußball interessieren würde und Arminia mir völlig egal wäre, so habe ich in den bittersten Momenten meines Fan-Daseins gedacht. Dann würden mich Niederlagen, schwarze Serien und Abstiege nicht kratzen, ich würde sie vielleicht gar nicht mitbekommen. Als ich noch kein Arminia-Fan war, hat der Verein auch verloren. Er ist sogar zweimal aus der ersten Liga abgestiegen, und ich habe nichts davon gemerkt. So wünsch' ich mir es manchmal wieder.

Würde das Herz nicht so sehr an dem Verein hängen, vieles wäre einfacher. Leider lässt die Leidenschaft für die Mannschaft nicht nach, wenn diese nachlässt. Arminia kann so schlecht spielen, wie sie will: Ich liebe diesen Verein. Ich krieg's nicht raus, das tiefe Gefühl der Sympathie. Es gibt natürlich so eine Art »objektive Konsequenz«, die sich aus anhaltender Enttäuschung ergibt: Der Fan ist sauer auf die schlappe Truppe, er schimpft und grollt. Wie viele Arminia-Fans die Mannschaft wohl während der schwarzen Serie in der Saison 99/00 verflucht haben, ohnmächtige Wut im Bauch! Schimpf und Schande, Flüche und Drohungen ergossen sich über Spieler und Vorstand. Dieser Wutausbruch war Konsequenz anhaltender Enttäuschung und zugleich »Sollbruchstelle« der Leidenschaft; ein Ventil für den Frust, der aus der erschreckenden Einsicht entsteht, dem Verliererteam verfallen zu sein und ihm niemals auf Nimmerwiedersehen den Rücken zukehren zu können. Wer kann das schon? Die »subjektive Konsequenz« siegt: Die Liebe zum Verein ist größer als die Enttäuschung. Die Liebe lässt den Fan nicht los, nicht gehen. Verwundert war ich über eine Mail auf der DSC-Homepage, in der ein Armine resigniert mitteilte, er »könnte sich jetzt nicht mehr mit dem Verein identifizieren und wäre ab sofort kein Fan mehr«. Wenn das stimmt, war er's auch nie.

In schlimmen Zeiten kommt einem wieder der Fluch über die Lippen, den man einst während einer sehr unglücklichen, aber großen Liebe immer nur vor sich hin gezischelt hat: Ich hasse dich dafür, dass ich dich nicht hassen kann! Was geschehen müsste, um den Verein hassen zu können? Dafür reicht meine Phantasie nicht aus. Horrorszenarien kann ich eigentlich auch viel besser träumen. Jetzt, bei wachem Verstand, fällt mir nur Unfug ein: Rainer Schütte, Uwe Koschinat und Maurice Eschweiler begegnen mir nachts im Park, schlagen mich zusammen, klauen mir die Kleider und werfen mich in einen Teich. Dafür würde ich die Drei mein Leben lang verfluchen, nicht aber den DSC, denn er ist ein über Individuen erhabenes Konstrukt. Was wäre, ich würde den Verein und seine Symbole auf meiner eigenen Homepage aufs Scheußlichste verunglimpfen und beleidigen, worauf hin der DSC von mir 100.000 Euro Schadensersatz zugesprochen bekommt? Wieder wären es einzelne Personen, die es zu verachten lohnt, nicht aber die Institution Arminia. Echter Hass muss wachsen, aber das klappt bei mir und Arminia ja nicht einmal während einer zehn Spiele andauernden Niederlagenserie. Der einzige Hass, der sich aufbaut, ist jener seltsame, den man nur aus dem einem einzigen Grunde verspürt: eben nicht hassen zu können.

Es ist so unvorstellbar. Und beängstigend. Ich überlege noch einmal: Was in aller Welt müsste mit mir geschehen, dass der Name Arminia in mir Zorn anstatt Entzücken erregt? Ich müsste ein völlig anderer Mensch sein, denke ich heute. Der Gedanke an das Abgewöhnen macht mir Angst: Wie soll das gehen? Wie erlebe ich als Ex-Fan einen frühen Samstagabend? Lesend auf der Terrasse, »Mein schöner Garten« vielleicht? Auf dem Nürburgring, der Trabrennbahn? Ich stelle mir eine lustige Grillrunde vor, nein, ich stelle sie mir lieber nicht vor, na gut, also doch: Kinder springen durchs grüne Gras, die Nachmittagssonne strahlt, und ich wende Frikadellen und T-Bone-Steaks. Die Kühltasche mit Bier- und Coladosen leert sich. Lachen, Stimmengewirr. Alle sind gut gelaunt und völlig entspannt. Vor allem ich. »Noch drei Stunden bis ‚Wetten dass?‘, flöte ich in die Runde. Und was machen wir bis dahin? Frisbee? Oder eine Runde Fußball, auf der holprigen Wiese, mit kleinen Stöckchen als Pfosten? Und nicht einmal beim Anblick des Plastikballes, der da zwischen Grillkohlesäcken und Kinderspielzeug liegt, gehen meine Gedanken kurz hinüber zur Alm, wo der Schiri gleich abpfeifen müsste. Interessiert mich nämlich nicht mehr.

Das sind Horrorvorstellungen!

Mir wird übel beim Gedanken, ich könnte die Fußballergebnisse irgendwann ähnlich so beiläufig zur Kenntnis nehmen wie den Wetterbericht oder die Olympia-Meldungen. Oder sehne ich mir diese Gelassenheit insgeheim doch herbei? Daneben zu sitzen und nichts zu verspüren oder sich zumindest beherrschen zu können, wie der frischgebackene Nichtraucher, der zwar liebend gern zur Zigarette des Sitznachbarn greifen würde, sich jedoch zusammenreißt – leider totale Utopie. Der Unterschied besteht darin, dass der Raucher sich ja das Verlangen nach der Kippe nicht abgewöhnt hat, sondern nur seine darauf hin ausgerichtete Handlung: das Rauchen. Das Pendant dazu beim Fußballfan wäre der Stadionbesuch oder das Verfolgen der ARD-Fußballkonferenz im Radio. Doch Gegenstand der Gier ist ja Arminia an sich, die lässt sich nicht ausdrücken wie eine Zigarette oder ausschalten wie einen Fernseher. Was habe ich davon, wenn ich neben der toten Mattscheibe sitze, aber dafür in meinem Kopf die wirren Bilder ablaufen, endlos, immer wieder, bis ich irgendwann irgendwo zufällig doch auf das Ergebnis stoße. Ich kann mir ungefähr vorstellen, wie verkrampft ich den Blick vom Zeitungsregal in der Tankstelle wegzudrehen versuche, und dann doch wie fremdgesteuert und magisch angezogen die Headlines mit den Augen verschlinge: ungefähr so, wie man eine nackte Frau hinter einer Stranddüne anstarrt und, obwohl es sich fraglos nicht gehört, den Blick einfach nicht von diesen wunderschönen Brüsten lösen kann.

Oh, das war vielleicht etwas zu sexistisch. Sorry. Wie mache ich das wieder gut? Vielleicht schildere ich ihr als Gegenpol zu diesem erotischen Bild etwas vollkommen Unattraktives. Sozusagen die langweiligste Erscheinungsform des Fußballs. »Und was hat das mit Arminia zu tun?«, will Nina wissen. Mit Arminia nur indirekt. Aber ganz viel mit dem Abgewöhnen von Fußball. Und danach hat sie ja gefragt.

Hallenfußball ist der letzte Offenbarungseid des Fans. Um sich das Banden- und Überkreuz-Gekicke freiwillig anzugucken, muss man schon ganz schön tief gesunken sein. Wer tatsächlich vor der Fernsehkiste mitfiebert, wenn seine Mannschaft über den Kunststoffboden schrammelt, hat vorher gewiss sehr Schlimmes erlebt. Er hebt sozusagen die Finger: »Ich kann nicht mehr. Ich brauch jetzt ein Erfolgserlebnis. Wie und wo, ist mir egal!« 7:5-Siege im Neunmeterschießen gegen Hannover 96 zum Beispiel sind normalerweise kaum erwähnenswert. Aber den Arminia-Fan hat'sin der Winterpause 2000/2001 gefreut. Ein ganz klein bisschen zumindest. Tore. Ein Staude, der trifft. Das reicht schon.

Ansonsten ist das Hallengekicke genauso überflüssig wie Freundschaftsspiele. Nur ein restlos ausgehungerter und misserfolgsgeplagter Fan kann dem fußballerischen Methadon-Programm einen Hauch Sympathie abgewinnen. Ich hab' es immer ignoriert, wenn die Blauen sich die Neujahrswochen in irgendwelchen Turnhallen vertrieben, doch war der Verein auch selten so erfolglos gewesen wie in diesem verdammten Millenniumsjahr 2000. Und deshalb schaute ich im Januar 2001 erstmalig rein in den Hallenmasters-Wettbewerb. Nach zwei völlig verkorksten Saisonhälften war ich gierig nach jedem Milligramm Fußballerfolg. Traurig, sich über solch ein Ball-Gerühre freuen zu müssen! Denn eigentlich ist Autowaschen schöner als Hallenfußball.

Aber wir lieben sie nun einmal, unsere DSC-Kicker. Und daher scheint es völlig egal zu sein, wo sie auftreten: Wenn wir Fans sie sehen, schlägt unser Herz höher. Auch wenn wir das vielleicht gar nicht unbedingt wollen (wie zum Beispiel während der Jahreshauptversammlung, wenn die Götter in schmucken, dunklen Anzügen gleich hinter einem sitzen). Noch unwichtiger, dafür aber schon eine Sequenz schöner, sind Freundschaftsspiele. Sinnloses Gekicke, bei dem wie in der Halle vorrangig die frustrierten Bankhocker ins heiß ersehnte Rennen geschickt werden, gähnend langweilig, weil – meistens im wahrsten Sinne des Wortes – der Kick fehlt. Dennoch machen sie irgendwie Laune, 3:0- oder 5:2-Siege gegen Stuttgart und Bayern München.

Ganz bestimmt sind sie besser als jedes »neutrale« Spiel. Da kann es beim Match Dortmund gegen Schalke am letzten Spieltag um die Meisterschaft oder zwischen Bayern und Manchester um den Gewinn der Champions League gehen. Oder es spielen Hannover gegen Münster, meinetwegen auch Aachen gegen Essen, Unterhaching und Universitatea Craiova: Es fehlt etwas. Kein Arminia-Fan wird abstreiten können, dass ihn Fußballspiele ohne Beteiligung des DSC allenfalls marginal interessieren. Es ist das Natürlichste der Welt und schon im Urtrieb des Fußballfans begründet, das ihn das Spiel fremder Vereine weniger erregt. Dass er nicht mit dem Herzen und allen Sinnen bei der Sache ist, wenn er zwei Mannschaften kämpfen sieht, die ihm nicht viel bedeuten, denen er sich nicht verbunden fühlt, die ihm letztendlich vollkommen und völlig – egal sind. Es gibt einige ganz wenige Fälle, in denen das Herz des Arminen während eines Spiels pochen darf, obwohl der DSC nicht an der Partie beteiligt ist: Bei wichtigen Länderspielen geht das in Ordnung, natürlich auch, wenn unmittelbare Tabellennachbarn auf dem Rasen kämpfen und vom Ausgang der Partie Arminias Schicksal nachhaltig beeinflusst werden könnte – egal in welche Richtung auch immer.

Wie schön könnte Fußball doch sein, wenn man auch die neutralen Spiele voll Spannung erleben könnte! Wenn eine Paarung, die einen kein bisschen tangiert, gleichsam entspannen und fesseln würde. Doch beides geht nicht. Entweder pocht das Herz, und die Entspannung fehlt, oder ich bin entspannt, am Spielgeschehen jedoch nicht ernstlich interessiert. Ein Teufelskreis, in dem ich mich immer wieder verfange, meistens am frühen Montagabend. Tagsüber habe ich mich auf einen lockeren Kick gefreut, ganz ohne Emotionen, über den ich den Stress vom Arminia-Spiel am Samstag vergessen kann, dann aber fallen mir vor Langeweile in der 24. Minute beim Spiel Mainz gegen Fürth die Augen zu. Auch Hochkaräter schützen einen Arminen nicht vor Desinteresse, sehr einfach zu überprüfen bei UEFA-Cup-Spielen wie Hertha gegen Bordeaux der Normalvolks-Krachern á la Schalke gegen Leverkusen. Letztere Partie könnte ich mir nur in einem Fall spannend vorstellen: wenn Bruno Labbadia oder Uli Büscher im Publikum sitzen.

Nein, abgewöhnen kann man sich Arminia nicht, vergessen auch nicht, aber eine Zeitlang eine Co-Existenz führen, das klappt. Über die Zwangspause während der Corona-Krise habe ich mich ja schon ausgelassen. Da bestand das Fantum darin, regelmäßig im Internet nach Neuigkeiten zu suchen, wie sich Markus Rejek auf den virtuellen Zusammenkünften mit den übrigen Vereinsvertretern geschlagen hat. Viel Neues gab es in dieser furchtbaren Zeit aber nichts zu erfahren. Das Fan-Sein stand sozusagen auf Standby. Aus dem Kopf kriegte ich Arminia nicht.

Aber es gibt auch schöne Zeiten, in denen Arminia nicht spielt und der Fan in mir trotzdem lacht: Die Rede ist von internationalen Turnieren. Dann, wenn die deutsche Nationalmannschaft spielt. Es ist beinahe beängstigend, wie weit weg Arminia während solcher Ereignisse in der Sommerpause oder im Winter- wie in Katar – ist. In mir erwacht der Nationalmannschafts-Fan, und auch wenn die Ausgeprägtheit nicht so ist wie bei Arminia, bin ich leidenschaftlich. Beinahe dieselbe Nervosität befällt mich, wenn es um internationale Ehren geht. Ich und meine Fan-Seele können völlig umschwenken, und es macht mir auch nichts aus, dass ich – wie bei Arminia – weitestgehend alleine dastehe und jeder andere auch plötzlich Fan ist. Mein intensivstes Nicht-DSC-Spiel erlebte ich im Sommer 1990. Arminia verbrachte die Zeit gerade in der drittklassigen Oberliga, und Deutschland kämpfte in Italien um die Krone der Welt. Ich war 20 Jahre alt und lag nach einer Blinddarm-OP im Krankenhaus. Ich hatte den ganzen Tag nichts anderes zu tun, als auf den Anpfiff zu warten. Am schlimmsten war es beim Spiel gegen Holland. Ich war so nervös, dass ich die ganze Decke des Krankenhausbettes mit Angstschweiß einnässte. Ich war unfassbar nervös, und der Sieg beschleunigte meine Genesung nicht unbedeutend. Das waren Glücksmomente, die ich sonst nur von Arminia kannte. Ich litt mit dem vom Platz gestellten Rudi Völler und war nach dem Spiel genauso kaputt wie der extrem emsige Jürgen Klinsmann. Komischerweise kann ich mich an das Viertelfinale gegen die Tschechoslowakei (1:0) nicht mehr erinnern. War ich da schon aus dem Krankenhaus raus? Erinnerungen habe ich erst wieder an das Halbfinale gegen England, das ich bei meiner Schwester und ihrer Familie schaute. Sie hatte gerade ihre Tochter Lisa – meine Nichte – zur Welt gebracht, und ich störte den Schlaf des Babys durch meine Jubelschreie. Das Finale guckte ich dann zuhause im Zimmer meines Bruders, zusammen mit ihm und Freund Jochen. Meine Mutter arbeitete im Garten. Ja, tatsächlich, sie arbeitete im Garten. Sie erfuhr es durch mich, dass wir Weltmeister geworden waren, kurz bevor wir drei uns auf dem Weg machten zum Feiern in der Innenstadt. Wir fuhren mit meinem alten Opel Diplomat. Es herrschte natürlich wie überall Ausnahmezustand. Wir trafen ein paar Freunde, die mitfahren wollten. Und da nicht genügend Platz im Innenraum herrschte, fuhren sie auf dem Dach mit. Laut hupend ging es an der Polizei vorbei, die uns gewähren ließ. An diesem Abend und an den nächsten Tagen fühlte ich mich wie nach einem Arminia-Aufstieg.

Ähnlich ging es mir bei der Europameisterschaft 1996. Das Finale schaute ich beim ersten Public Viewing Mettmanns auf dem Jubiläumsplatz im Herzen der Stadt. Ich hatte soeben bei der »Rheinischen Post« zu arbeiten angefangen und hatte die Aufgabe, eine Reportage über das Rudelgucken zu schreiben. Ich kam natürlich selbst mit in dem Bericht vor. Schließlich war ich der Erste, der nach Bierhoffs Golden Goal auf dem Tisch der Bierzeltgarnitur stand. Eine weitere EM-Erfahrung möchte ich gerne mitteilen: 2004 in Portugal. Das Turnier war für die Deutschen zwar sehr erfolglos, aber die Tage in Portugal gehören dennoch zu den schönsten in meinem Leben. Arminia war gerade aufgestiegen, und mit ein paar Freunden – unter anderem Spechti – bin ich hingereist. Wir sahen alle Deutschland-Spiele plus Frankreich gegen die Schweiz in Braga. Dort traf ich dann auch Stefan Stricker aus Bielefeld, und wir entrollten fürs Foto ein riesiges Arminia-Transparent. Sonst tat sich Arminia-mäßig nicht viel in Portugal, außer dass ich bei der Ankunft in Porto vor dem Auftaktspiel gegen Holland am Wegesrand mit zwei Vertretern von Ostwestfalen-Terror pinkelte.

Das schönste Nicht-Arminia-Fußballerlebnis hatte ich aber im Sommer 2006. Deutschland war Ausrichter der Weltmeisterschaft, und in Portugal auf den Geschmack gekommen, beschlossen Spechti und ich, dem Team zu folgen. Also alle Deutschland-Spiele in einem deutschen Stadion mitzuverfolgen, bis zum Endspielsieg oder zum Ausscheiden. Es gab nur ein Problem: Wir hatten über den DFB keine Tickets bekommen, nicht ein einziges. Aber Spechti und ich, wir wollten dabei sein. Letztendlich haben wir das Sommer-Märchen in mehreren Stadien genossen, bis zum Aus in Dortmund gegen Italien. Wir haben für alle sechs Spiele Karten bekommen. Aber das war ein gehöriger Kraftakt und war teuer. Wir haben die Tickets nämlich bei Ebay ersteigert. Von Leuten, die gar nichts anderes vorgehabt haben, als sie die Karten orderten, um diese zu Schweinepreise zu verkaufen. Insgesamt habe ich 2.500 Euro für Eintrittskarten hingelegt, und ich kann heute sagen: Es war jeden einzelnen Cent wert. Das Besorgen der Tickets hat Spechti übernommen. Spechti ist ein sehr kleiner Mann und eigentlich Fortuna-Fan. Er war auch mit in Portugal gewesen und ist tatsächlich auch ein großer Fan der deutschen Nationalmannschaft. Er ist ein Jahr älter als ich und wohnt auch in Mettmann. Für die ersten Karten gegen Costa Rica haben wir jeweils 360 Euro bezahlt. Es war schon ein tolles Gefühl, auf den Rängen zu stehen, während gerade Herbert

Grönemeyer die Hymne sang und die ganze Welt exakt auf jenen Punkt schaute, an dem ich gerade stand. Da war Arminia einen Moment vergessen, nein: nur im Hintergrund.

Unsere Fußball-Reise durchs eigene Land ging weiter in Dortmund. Da mussten wir uns zum Glück nicht um eine Übernachtungsmöglichkeit suchen, sondern fuhren nach Neuvilles Treffer gemütlich und zufrieden nach Hause. 400 Euro hatte das Polen-Ticket gekostet.

Und weiter ging es nach Berlin. Spechti und ich übernachteten bei einer Bekannten von mir in Neukölln. Am Spieltag gingen wir auf die Fan-Area vorm dem Brandenburger Tor. Unglaublich, was da alles für die WM aufgebaut worden war. Wir trafen Reiner Calmund. Spechti ließ sich mit ihm zusammen fotografieren. Ein tolles Bild: der Kleine und der Dicke. Auf der Bühne am Brandenburger Tor spielten die Sportfreunde Stiller. Obwohl ich nicht so ganz auf sie stehe/stand, war dies ein unvergessliches Erlebnis – auch deshalb, weil ich plötzlich vor meinen Füßen ein nagelneues Ballack-Trikot fand. Das kam wie gerufen, denn im Gegensatz zu Spechti – der gleich mehrere DFB-Trikots besitzt – war ich ohne Deutschland-Leibchen angereist. Ich bedauerte denjenigen, der das Trikot verloren hatte, ein wenig, streifte das Shirt aber sofort über. Gut gerüstet, konnten wir also das Spiel gegen Ecuador angehen, erfolgreich, wie jeder weiß. Das Ticket hatte auch wieder so um die 400 Euro gekostet.

Das Fan-Fieber, wie ich es in diesem Maße nur von Arminia her kenne, stieg rasant, als wir zum zweiten Mal auf nach München fuhren. Wir übernachteten bei meiner Schwester und ihrem damaligen Freund in der Nähe von Schwabing. Nach dem Achtelfinal-Sieg gegen Schweden eilten wir schnurstracks zum Stachus, um dort noch das Abendspiel via Public Viewing zu sehen. Es gab in unserer Welt nur noch Fußball – herrlich! So unterschiedlich Spechti und ich auch waren und sind – er Fortune, ich Armine –, so einig waren wir uns in unserer Fußballbegeisterung. Muss ich erwähnen, dass wir jeder 500 Euro für die Eintrittskarte bezahlt hatten?

Und auch gegen Argentinien in Berlin konnten wir Tickets er-
gattern. Zum Glück gab es eine Kaufquittung des ursprünglichen
Käufers – denn Spechti verlor unsere Karten vor dem Stadion
oder ließ sie sich stehlen. Was tun? Wir gingen zur mobilen Poli-
zeiwache und zeigten den Diebstahl der Tickets an. Wir hatten
ja die Quittung, in der die Sitzplatznummerierung aufgelistet
war. So wurden wir mit Polizei-Eskorte zu unseren Plätzen im
Olympiastadion geführt. Die Polizisten wollten schauen, ob sich
jemand Unbefugtes mit unseren Karten auf unsere Plätze ge-
schlichen hatten. Aber da war keiner. Vielleicht hatte Spechti die
Tics tatsächlich verloren. Oder die Diebe waren schlau genug,
sich nicht auf die verräterischen Bänke zu setzen. Im Nachhinein kam uns eine Idee: Man hätte auf diesem Wege zwei weitere
Leute ins Stadion bringen können. Sie hätten dann bloß unbemerkt – so wie eventuell die Diebe – irgendwo stehen müssen. Es
wurde zwar überwacht, dass die Gänge im Stadion frei blieben,
aber da bei dem Spiel ohnehin kaum jemand saß, wären zwei
stehende blinde Passagiere nicht aufgefallen. Diese zwei Personen hätten bloß vor unserer Anzeige ins Stadion gemusst, da
die Polizei aufgrund unserer Quittung die Karten elektronisch
hätten sperren können. Auf welch kriminelle Ideen man im Fuß-
ballrausch doch kommen kann...

Das Spiel selbst war Nervosität pur. Beim Elfmeterschießen
drehten Spechti und ich uns weg. Alles ging gut. Es gibt noch
ein schönes Foto von mir, wie ich nach dem Schluss ein blau-
weißes Schweißband verbrenne, mitten im Block. Selbst nach
Arminia-Aufstiegen habe ich eine solche Feier-Orgie noch nicht
erlebt. Die ganze Stadt war außer Rand und Band. Meine aktuelle
Freundin kündigte per Handy an, dass sie mit dem Zug nach
Berlin fahren würde, nur für die Jubelschau. Sie kam dann am
Abend am Potsdamer Platz an, wo wir in der Nähe in einer pi-
ckepacke-vollen Bar feierten. Es war ein unvergesslicher Abend
in Berlin. Und es war mir ganz egal, dass ich zwei Hotelzimmer
bezahlen musste, weil ich das ursprünglich gebuchte Hotel nicht
mehr rechtzeitig zum Einchecken erreichen konnte und ich für

meine Freundin und mich spontan eine andere Bleibe suchen musste. Berlin-Trip insgesamt: um die 650 Euro.

Dann kam das Ende. Weil wir für das Italien-Spiel in Dortmund auf Ebay keine Karten mehr bekommen hatten, reisten wir ohne ins Ruhrgebiet. Vor dem Stadion lungerten einige Schwarzhändler herum, das bekamen wir schnell mit. Für 400 Euro wechselten zwei Tickets der schlechtesten Kategorie Vier die Besitzer. Spechti saß am anderen Ende der Arena, ich irgendwo unterm Dach. Per SMS verständigten wir uns. Als es nach 90 Minuten noch 0:0 stand und die Verlängerung nahte, schrieb ich Spechti eine Scherz-SMS: »Bin jetzt weg!« Er konterte mit »Bin schon seit 20 Minuten lang weg«. Tatsächlich waren WM und Sommermärchen rund 30 Minuten später für uns vorbei. Das Spiel um den dritten Platz, den Cup der Verlierer, würden wir uns nicht ansehen, das hatten wir schon lange vor dem Italien-Match vereinbart. Aber alles in allem war es eine grandiose Zeit und eine tolle WM, die stimmungsmäßig auch nicht vom Gewinn des Titels 2014 getoppt werden konnte. Nur ein Arminia-Aufstieg ist schöner.

Das Mädel bei mir am Tisch hat ja jetzt schon einiges gelernt, wie sie sagt. Eine ganz wichtige Erkenntnis: Fans gibt's nicht nur in der Masse, sondern auch im Einzelpack. »Aber macht das denn wirklich Spaß, allein ins Stadion zu gehen?«, fragt die junge Frau. »Ich würde die Lust verlieren und mir Fußball unmerklich aber sicher abgewöhnen.«

Abgesehen davon, dass es große Theorien um Fußballfan-Subkulturen nicht gibt, weil sie für die Wissenschaft zu einfach sind, treffen die wenigen Erkenntnisse vielfach auch nicht zu. Zumindest nicht, was mich angeht. Weder sehe ich mich als Idealtypus für die These, Fußballfans suchten im Stadion Ausgleich für ihren langweiligen Alltag oder Ersatz für nicht vorhandenen Lebensinhalt, noch bestätige ich die Rudeltheorie: Fußballfans suchen gezielt Zusammengehörigkeitsgefühl und erleben im Massenpulk automatisch einen Rausch – der übliche Unsinn.

Arminia – einig Fanfamilie? Vorfälle wie Gerlands Abgang und Curkos Selbstrauswurf, die die Anhänger in unterschiedliche Lager spalteten, widerlegen die Einigkeitsthese wohl eindrucksvoll. Es ist nicht das Kollektiv an sich, das zusammenhält, sondern die Affinität zum Verein. Das urwüchsige Wesen des Fans ist nicht die Gemeinschaft. Mag sein, dass der Pulk, der Mob nur als Masse »wirkt«. Fan sein gelingt jedoch auch allein. Wenn's denn sein muss.

Was bleibt mir denn anderes übrig, als alleine zum Fußball zu fahren? Ich bin in meinem Heimatort als Arminia-Fan alleine, zumindest als solcher, der die Jungs auch live im Stadion unterstützt. Woher sollen die Verbündeten kommen, mit denen ich die Aufregung auf der Fahrt zum Spiel teilen kann? Halbinteressierte mitzunehmen, oder gar Fußballignoranten, die nur mir zu Gefallen mitkommen, das bringt nichts. Ich hab's ja versucht und war zusammen mit den verschiedensten Leuten bei Arminia; Arnd, ein sehr guter Freund, der Arminia »sympathisch« findet, eben auch weil er Underdogs mag und als Fortuna- und Gladbach-Anhänger den Transfer ehemaliger Spieler und Trainer mit großem Interesse verfolgte. Matthes, der Lange, der in Wirklichkeit auch auf der Alm in Gedanken immer bei seiner Fortuna ist; Henning, ebenfalls Fortune, dessen »Seitensprung« mit Arminia nicht mehr als eine Art One-Night-Stand war, sehr zu meiner Enttäuschung; Mandy, der alte Hobbykicker, und Fortune – sie alle ließen sich nicht zum Arminiatum bekehren. Das hätte ich aber auch gar nicht gewollt. Ich wusste, dass sie nicht mehr als Begleiter für wenige Spiele sein würden. Und dass auf der nächsten Fahrt nach Bielefeld der Beifahrersitz neben mir wieder leer sein würde, so leer wie mein Kopf, jetzt, kurz vor der herannahenden, erbarmungslosen Schlacht.

Sich seinen persönlichen Begleiterstab zusammenzustellen, ist nicht einfach. Zum Fan kann man keinen erziehen, jedenfalls keinen vernünftigen, erwachsenen Menschen. Und irgendwie ist es auch viel schwieriger, jemandem zum Besuch eines Arminia-Spiels zu überreden, als ihn mit Bayern oder dem BVB zu ködern.

Fazit: DSC-Fans sind rar gesät und wachsen in meinem Wohnumfeld allenfalls zögerlich nach. Ich bin also dazu gezwungen, meinen eigenen Coup zu landen. Und manchmal ist das gar nicht so schlecht. Einzelkämpfertum stählt das Fan-Ego. Nicht nur auf der Fahrt zum Auswärtsspiel, über verlassene Autobahnen und durch unerschlossene Gebiete, fühle ich mich manchmal wie ein Abenteurer, ein auf sich allein Gestellter, den keiner versteht und dem vor allem niemand, niemand helfen wird hier draußen. Das fremde Stadionumfeld muss ich mir alleine erobern. Und wenn keine Bekannten angereist sind, bin ich auch auf den Rängen allein. Trotz hunderter oder tausender Gleichgesinnter. Doch keine Menschenmenge dieser Welt ist mir vertrauter als diese. Die Gesichter können noch so fremd sein, nirgendwo sonst bin ich mir so sicher: Hier bist du richtig! Wo die Blau-Weißen kicken, bin ich zu Hause. Die Anwesenheit der Mannschaft, ihre unmittelbare Nähe macht alles andere vergessen, unwichtig. Ob es nun 10.000 Arminen sind, mit denen ich die Ränge teile oder kein einziger – egal! Die Hauptsache ist, der DSC ist da. Er ist das Wichtigste. Wenn's dort unten auf dem Platz abgeht, ist alles andere um mich herum egal. Ich würde den besten Freund oder die beste Freundin vergessen. Unterhalten könnte ich mich in dieser Situation ohnehin mit niemandem. Also halb so schlimm, wenn keiner da ist. Leute, das hier ist *mein* Abenteuer, ich zieh's wenn nötig auch alleine durch – mit oder ohne Erfolg.

Manchmal stelle ich mich auch absichtlich ganz alleine irgendwo hin, in eine anonyme Ecke auf den Betonstufen. Die Masse deckt mich, ich bin ein Teil von ihr und doch ganz für mich allein. Ich und meine Habgier: Der Sieg ist mein. Ich muss den Triumph mit niemandem teilen, halte ihn fest in der geballten Faust, die ich tief in der Jackentasche versenke. Allein bin ich hier allerdings auch mit der Hilflosigkeit nach einer Niederlage. Doch was würde es ändern, wenn ein Freund dabei wäre? Helfen kann mir in dieser Situation ohnehin keiner.

Es gibt noch einen Grund, warum ich gern ohne Begleiter zu Arminia fahre. Nicht nur *mich* will ich schützen, sondern auch meine Freunde. Denn ich weiß, wie ich nach einem schlechten Spiel bin: verschlossen, vergrämt und lustlos – absolut nicht mehr gesellschaftsfähig. Das möchte ich allen Leuten, die ich mag, eigentlich ersparen. Leider mache ich doch immer wieder den Fehler, Fan-Laien mit zum Spiel zu nehmen und nicht an das »Was-wäre-wenn...?« danach zu denken. Besonders fatal kann das sein, wenn ich vor dem Spiel für den Abend schon eine Verabredung getroffen habe, wenn ich also nach einer Niederlage einen Freund besuchen, auf die Party oder noch in die Disco will. In die Disco! In Duisburg, wo Arminia eben gerade verloren hat! Selbst für Arnd, meinen engen Kumpel, ist es schwer nachzuvollziehen, warum ich die Vereinbarung an diesem Abend nicht einhalten konnte, nein, beim besten Willen nicht. Es tut mir leid, ich schäme mich beinahe dafür, dass meine verfluchte Sensibilität ihm den Abend verdorben hat und er mit den anderen ohne mich in diese Disco gehen musste. Keinesfalls wollte ich ihn an meiner verdorbenen Laune teilhaben lassen. Aber ich konnte wirklich nicht mitgehen in die Lärmhölle, gefüllt mit gut gelaunten Menschen. Ich bin fußballkrank.

Jener Abend war eigentlich eine gute Gelegenheit, dies endlich einzugestehen. Aber was heißt Gelegenheit, es ließ sich gar nicht mehr vermeiden. Verstecken, überspielen, wie es mir oft gelingt, konnte ich den Fußballkummer in diesem Moment einfach nicht mehr. Blass war ich, fast apathisch und schweigsam. »So tief geht die Enttäuschung, dass du jetzt nicht mehr mitkommst?«, fragte einer der Bekannten im Scherz. Ja. Ja, so tief. So sehr schmerzt der Sturz, dass ich mich heute auf nichts anderes mehr konzentrieren kann. Ihr könnt das möglicherweise nicht nachvollziehen, aber ich bin knockout. Wegen Arminia. Das sollt ihr wissen. Wegen Arminia. Euch – und nicht mir – zuliebe zieh' ich die Notbremse, das könnt ihr mir glauben. Ihr hättet heute einfach nichts von mir.

Dabei ist Arnd eigentlich ein schlechtes Beispiel für das Unverständnis, auf das ich mit meinem Fußballwahn regelmäßig stoße. Denn er hat von allen Freunden und Bekannten noch das größte Gespür für meine latenten Leiden und Launen. Keiner würde mich so einfühlsam auf ein vergeigtes Spiel ansprechen, wie er. Er findet den richtigen Ton oder bleibt stumm, wenn es angebracht erscheint. Zum Beispiel bei den Gegentoren im Wedau-Stadion. Es gibt aber auch Leute, die stehen neben mir und kriegen es einfach nicht mit, welchen Nervenkrieg ich gerade durchstehe. Eines meiner schlimmsten Erlebnisse war das Heimspiel gegen Nürnberg in der Saison 00/01, das ich mir nicht alleine am heimischen Fernseher anschaute, sondern zusammen mit – meinem Vater. Nun war es schon schlimm genug, überhaupt zusammen mit ihm Fußball gucken zu müssen. Nicht etwa, weil er die Terminologie durcheinanderbrachte und »Freistoß« mit »Strafstoß« oder »Abseits« mit »Aus« verwechselt. Nein, es fehlte einfach die emotionale Grundlage für ein gemeinsames »Fußballerlebnis«. Richtig dramatisch wurde es allerdings erst, wenn mein Vater mich bei Arminia störte. Es kam zum Glück erst nur einmal vor, dass er sich während eines DSF-Kicks plötzlich mit vor die Glotze setzte, aber dieses Erlebnis war wirklich schlimm. Es war die Quadratur der fußballneutralen Quälerei.

Dabei war ich es, der ihn rief. Mein Torschrei beim 1:0 für Arminia hatte ihn angelockt. Neugierig kam er ins Zimmer, schaute auf den Spielstand und – ließ sich in den Sessel fallen. Horror! Über seine vortrefflichen Analysen (»Die wissen den Weg in Richtung Tor nicht«/ »Schießen anstatt flanken!«) kann ich im Allgemeinen schmunzeln, nicht aber, wenn es um mehr als Leben und Tod geht, nämlich um Arminia. Vor allem aber ist es seine echte Anteilnahme, die mich noch nervöser macht. Das Mitgefühl ist gut gemeint, geht jedoch nicht tief genug. Die Komplexität meiner Betroffenheit kann er nicht begreifen. Seine Empathie bleibt daher nur an der Oberfläche, so wie er mich etwa wegen eines platten Autoreifens bedauern würde oder weil ich mir irgendwo die Hand gequetscht habe. »Das wird schon wieder«, sagt er dann, und vor dem Fernseher, als die Blauen mit 1:2 hinten lagen: »Das schaffen die noch!« Sie haben es natürlich nicht geschafft. Und er hat's gleich meiner Mutter »gepetzt«, selbstverständlich ohne bösen Hintergedanken. Und so kam es, dass auch die sofort eingeleitete Erste-Hilfe-Maßnahme wirkungslos blieb: Als ich aus der nahen Stammkneipe zurückkehrte, wo ich den bittersten Frust schnell hinuntergespült hatte, empfing mich meine Mutter prompt mit den Worten »Na, ihr habt vergeigt, Vati hat's schon erzählt.« Das war fraglos mitleidig gemeint, aber eben nur so tief gehend, dass es ihr nichts auszumachen schien, mir einen Augenblick später schon wieder das Wäsche-Bügeln zuzumuten. »Da liegt noch ein ganzer Stapel.«

Sie wussten einfach nicht, was abgeht. Und das sollten sie auch nicht. Oder doch? Eigentlich bin ich gerne unverstanden. Was wäre wohl passiert, hätte ich ihr gesagt, was ich sofort für Arminia tun würde: Sie hätte es nicht geglaubt. Fast keiner glaubt es, was ich bereit wäre zu unternehmen, um dem Verein zu helfen. Wüsste ich, dass Arminia damit gesichert aufsteigen oder in der Klasse verbleiben würde, wäre mir das sofort 10.000 Euro wert. Ohne mit der Wimper zu zucken, auf der Stelle, keine Frage. Überweisung ausgefüllt, zack, weg – Verein in Sicherheit.

Phantastereien. Kann ja jeder behaupten. Wie beweisen? Niemals wird es dazu die Möglichkeit geben. Es ist wie mit der Klage einer Mutter, sie würde dafür sterben, dass ihr verstorbenes Kind wieder zum Leben erwacht. Man sollte solche Äußerungen ernst nehmen. So etwas sagt keiner, ohne sich der Bedeutung bewusst zu sein. Zu ernst ist es demjenigen, der Entsprechendes äußert. Jawohl: Es ist bitterer Ernst. Wie ernst, wird mir manchmal erst klar, wenn ich Nicht-Fans in ihrer unbedarften und naiven Art über Fußball plaudern höre. Als ich einmal aufgeregt die Ergebnisse unserer direkten Aufstiegskonkurrenten im Videotext recherchierte, erkundigte sich eine Bekannte nach dem Grund meiner Nervosität. »Ich denk, dein Lieblingsverein hat schon gestern gespielt«, fragte sie schlicht, und es war nicht einmal der Umstand, dass sie die Bedeutung der übrigen Resultate für mich nicht abschätzen konnte, den ich bemerkenswert fand: Es war die Bezeichnung »Lieblingsverein«. Die Naivität dieser Wortwahl war geradezu niedlich und rührte mich. Ist Arminia mein

Lieblingsverein? Ich denke nein. Ich habe zwar keinen Verein dieser Welt lieber, aber dennoch ist der DSC nicht mein Lieblingsverein. Er ist mehr.

Aus der zeitlichen Distanz betrachtet, erscheint vieles lächerlich. Hektik, Angst und Aufregung vor gewissen Spielen sind heute nicht mehr verständlich und nachvollziehbar. Besonderes Schmunzeln bereitet mir der Gedanke an gewonnene Spiele und die letztendlich völlig unnötige Anspannung. Auch der Schmerz lässt nach, je mehr Jahre ins Land ziehen. Die Zeit heilt alle Wunden, auch die der Niederlagen. Ich kann mir heute die 1:5-Schlappe in Chemnitz ebenso problemlos auf Video angucken wie das 1:2 zu Hause gegen St. Pauli. Aber auch nur, weil ich heute weiß, dass wir in jenen Spielzeiten dennoch auf- beziehungsweise trotzdem nicht abgestiegen sind. Und deswegen lässt sich aus den »Fehlern« der Vergangenheit leider nicht lernen: Ich weiß heute Nachmittag nicht, wie das Spiel am Abend ausgehen wird, ob wir den Klassenerhalt packen und die Anspannung somit unnötig ist. Die Hektik wird bleiben, immer, so lächerlich sie möglicherweise schon am nächsten Tag erscheinen mag.

Manchmal überkommt's mich aber noch im Moment des Geschehens, und ich denke: »Warum, warum drehst du hier am Rad, nur weil dort unten ein Haufen hässlicher Männer auf dem Rasen rumturnt? Das ist doch eigentlich, ganz nüchtern betrachtet, ziemlich bescheuert!« Und das viel zitierte Elend dieser Welt zieht an meinem geistigen Auge vorbei, echte Probleme, Hass, Krankheit und Tod. Für einen kurzen Moment kann ich sie ein wenig verstehen, die Leute, die ich immer mitleidig belächle, wenn sie von den 22 Idioten sprechen, die einer runden Lederkugel hinterherlaufen, bis ein 23. Mann in seine Pfeife bläst – im Grunde ist es das, und nicht mehr. Ich müsste mich mitleidig belächeln. Und das tue ich ja auch. Allerdings nicht, weil ich den Fußball liebe, sondern weil er mir oft so viel Leid zufügt. Es beruhigt, dass auch andere Fußballfans solch temporäre Sinnkrisen durchlaufen. Den Kabarettisten Dieter Nuhr erwischte es beispielsweise beim WM-Spiel zwischen Österreich und Kamerun an einem strahlenden Juni-Nachmittag. Mit einem Mal, erzählt er, habe es ihn durchzuckt, und er fragte sich: »Was mache ich hier eigentlich?« Glücklicherweise stellte er diese Frage nicht laut. Das darf ein Fußballfan nie tun. Er muss die Frage vielmehr ganz schnell wieder vergessen und darf nie, nie zugeben, dass selbst er als felsenfest Überzeugter ganz kurz am Sinn der Sache Zweifel hegte.

Denn keine Lust mehr auf Fußball, das gibt es nicht. Das darf es nicht geben. Zum Glück gibt es Sollbruchstellen – Mechanismen also, die die Frustration auffangen, kanalisieren und umwandeln. Das beste Beispiel dafür ist die Selbst-Glorifizierung der Fans: 0:1 in der 7. Minute, gleich lange Gesichter. 0:2 zehn Minuten später gleich Lethargie. 0:3 vor der Pause gleich erstes Klatschen der eigenen Fans. 0:4 gleich Jubel aus den eigenen Reihen. 0:5 gleich »Oh, wie ist das schön!«, erklingt, und eine Polonäse schiebt sich durch den Block. Wenn es unten auf dem Platz nichts zu feiern gibt, schalten die Fans um und feiern sich selbst. Purer Selbstschutz. Eine ganz natürliche Funktion, die die Natur beim Fußballfan vorgesehen hat. Es gibt eben Situationen, die kann man nur mit bitterer Ironie und Sarkasmus ertragen. Es gilt, sie in das bestmöglichste Licht zu rücken. Ein letztes Stückchen Spaß erhaschen im trist gewordenen Stadionrund. Party machen, ohne Grund. Und den Gegner glauben lassen, man sei ein guter Verlierer.

Dabei sind wir einfach nur gute Fans. Wir sind treu, in jeder Situation. Wir sind konsequent und folgen keinen falschen Götzen. Und bescheiden sind wir. All' dieser Tugenden sind wir uns bewusst. Deswegen finden wir uns gut. Und deswegen feiern wir uns. Uns (!), wenn es andere Helden nicht zu feiern gibt. Wir belohnen uns für den mühevollen Einsatz, den wir dem Verein darbringen. Weil uns kein anderer belohnt. Wir haben es uns verdient. Denn wir sind der Verein, komme was will, wir sind nicht austauschbar wie die Mannschaft. Und auf diese Treue dürfen wir zurecht stolz sein.

Also verherrlichen wir uns selbst, preisen unsere bedingungslose Treue an, wo immer es geht: Ich bin Armine, bin abgebrüht, selbstlos, unterstütze Außenseiter und frage nicht danach, ob mir das etwas bringt oder nicht. Das wollen wir zeigen! Was außer reiner Selbstpräsentation soll für mich sonst der Grund dafür gewesen sein, nach dem grauenvollen Abstieg 1998 demonstrativ eine Arminia-Fahne ins Fenster der Hamburger Wohnung zu hängen, in der ich einen Monat lebte? Auf die sportliche Leistung des Vereins stolz zu sein, dafür bestand absolut kein Anlass. *Mich* präsentierte ich dort in der Hansestadt, indem ich im Bielefeld-Trikot durch die Straßen joggte, nicht den DSC. Mich und meinen Tick, auf den ich stolz bin und hinzuweisen nicht müde werde. *Wir* sind, *ich* bin ein Grund zu feiern. Und deswegen hört der Spaß am Fußball niemals auf. Zum Glück.

Weil wir uns so einsetzen, dürfen wir schimpfen. Wer weiß denn, was wir durchmachen? Wer kann denn die Anstrengungen nachvollziehen, die wir auf den Tribünen dieser Welt schon erlebt haben? Kaum einer, zumindest keiner, der nicht selbst Fußball *leidet.* Dass ein Fan nach dem Schlusspfiff nahezu ausgelaugter sein kann als seine Lieblinge und er gebeutelter die Stufen aus dem Stehblock heruntertorkelt als die Spieler vom Rasen – das glaubt einfach kein Fußball-Laie. »Mann, war das anstrengend!« Noch nie habe ich für diese Bemerkung Mitgefühl geerntet, sondern immer nur Lachen. Belustigtes Lachen; wie soll das gehen, dass dem Stadionbesucher die Kehle austrocknet und ihm die Zunge aus dem Halse hängt, als wäre er selbst wie Dauerläufer van der Ven 94 Minuten lang über den Platz gehetzt? Warum sollte einem Zuschauer das Herz rasen wie dem Mittelstürmer nach drei Kontern in der Nachspielzeit, warum die Kraft fehlen, den Fahnenstock noch einmal fest in die Hand zu nehmen, um Dank und Servus zu flaggen? Rückenschmerzen nach fast zweistündiger Anstrengung sämtlicher Muskeln, taube Arme und Mattheit, Mattheit, Mattheit – alles Symptome intensiven Fußballerlebens, wie ich sie bestens kenne. Und da schaut noch jemand verständnislos, wenn ich sage, *wir* haben gewonnen oder verloren?

Dass wir Fans der Verein sind und die Spieler nur temporäre Gottheiten, ist an anderer Stelle bereits ausführlich aufgezeigt worden. Natürlich sind die Profis im Moment, da sie für den DSC auf dem Rasen stehen, auch selbst Arminen, und sie fühlen sich auch wohl als solche. Dafür springt ihnen ja auch eine sich ungewöhnlich schnell entwickelnde Sympathie entgegen. Dass diese außergewöhnliche Huldigung, die fast ausschließlich im Status »Armine« begründet ist, auch eine Kehrseite haben kann und muss, sollte jedem Vereinsspieler klar sein. Dafür ist er Profi, dass er auch die negativen Begleiterscheinungen seines Berufes schlucken muss – und wenn diese ihm von den eigenen Fans zubereitet werden. Natürlich dürfen wir schimpfen! Selbstverständlich dürfen wir Fans Missstände aufzeigen, schonungslos, brutal, verletzend. Niemals akzeptiere ich die These, die eigenen Anhänger *dürften* Vereinsmitglieder nicht öffentlich angreifen; ob wir es lieber lassen *sollten*, um beispielsweise Spieler nicht zu verunsichern und uns somit durch deren schlechte Leistungen selbst zu bestrafen, ist eine ganz andere Frage.

Es ist offensichtlich: Ich will auf den »Fall Curko« hinaus. Dennoch ist die spektakuläre Selbstauswechslung des Torwarts in der Zweitligasaison 00/01 nicht das einzige Beispiel, in dem Bielefeld-Fans Spielern angeblich »zu nahe getreten« sind. Thomas von Heesen regte sich 1998 als damaliger Teamchef über Pfiffe auf der Alm während des Spiels auf, die »die Spieler verunsichert« hätten. Bruno Labbadia war im Frühjahr 2000 so sauer über die Schmähungen des Publikums, dass er nach dem explosionsartigen Ende seiner »Ladehemmung« gegen 1860 mit hinters Ohr gelegter Hand am Fanblock vorbei lief: »Höre ich noch irgendwelche Pfiffe?« Er vernahm sie nicht mehr, hatte sie davor allerdings völlig zu Recht gehört. Es ist legitim, dass wir irgendwann die Geduld verlieren und nicht jeden dilettantisch vertanen Angriffsversuch kommentarlos hinnehmen. Noch einmal: Wir Arminen haben das Recht dazu, unseren Unmut kund zu tun. In welcher Situation dies sinnvoll erscheint, wird allerdings von den Fans unterschiedlich beurteilt und kann in der Tat zu geteilten »Lagern« innerhalb der Anhängerschaft führen.

So war es bei der Curko-Affäre. Es gab jene, die voll und ganz dahinter standen, den umstrittenen Keeper aus dem Kader »gemobbt« zu haben. Es war richtig, ihn zu kritisieren, sage auch ich. Dass Curko nicht wie andere Spieler mit den Pfiffen umgehen konnte, die Situation eskalierte, er zurückpöbelte und sich somit höchst persönlich »hinauswarf«, hat der Torwart selbst zu verantworten, nicht wir Fans. Brutal kritisiert haben wir ihn, keine Frage. Liquidiert hat Curko sich aber letztendlich selbst, durch sein unprofessionelles Situations-Management. Selbst wer vorher die Pfiffe gegen den Serben seinerseits mit Pfiffen quittiert hatte, war nach dem Mannheim-Spiel der Meinung, dieser Mann sei nicht mehr tragbar für den Verein. Über die Legitimität seines Rauswurfs herrschte niemals Unstimmigkeit. Doch vertrat noch Wochen nach dem Spiel ein Teil der Anhängerschaft die auch von den Medien verbreitete These, den eigenen Torwart auszubuhen sei unmoralisch. Vorwürfe wurden laut, allerdings wusste keiner genau, wer wem etwas vorzuwerfen hatte. Die wortwörtlichen Buhmänner auf die Fans im Block drei zu reduzieren, ging genauso wenig auf, wie die ewig Meckernden vornehmlich auf der Sitztribüne zu suchen. Es gibt keinen Schuldigen im »Fall Curko«, außer ihm selbst. Und auch die nach diesem einmaligen Ereignis viel zitierter »Macht der Fans« ist relativ zu sehen, da wir nicht viel mehr getan haben, als sonst auch.

Anders sieht die offenbare Handlungsgewalt der Fans hingegen bei der Entlassung von Trainern aus. Nicht nur bei Herrmann Gerlands Rauswurf, sondern auch schon im Fall Ernst Middendorp hatten wir Fans ordentlich am Stuhl mitgesägt – obwohl »wir« auch wieder nicht ganz richtig ist: Wie bei den Schmährufen gegen Goran Curko gab es auch bei Pfiffen gen Gerland und Middendorp Kontra aus den eigenen Fanreihen. Es ist Blödsinn zu sagen, alle Arminia-Anhänger wollten Gerland los werden. Entweder hat der Vorstand die Missstimmung gegen den Trainer überschätzt oder wissentlich voreilig gehandelt. Es gibt allerdings keine objektiv richtige Entscheidung für oder gegen einen Coach. Hier ist der Vorstand gefragt, nicht alleine die Pfiffe zu hören, sondern die Argumente dahinter. Ein guter Vereinsvorstand kann das, und er trifft seine Entscheidung nach bestem Gewissen; es kann sein, dass die Forderungen der Fans berechtigt sind. Die letzte Entscheidung trifft jedoch der Boss – wie auch jeder Fan selbst entscheidet, wann, warum, und auf wen er schimpft.

Es zwingt einen zum Beispiel keiner, Darius Wosz doof zu finden. Dennoch ist dieser Mann so etwas wie die Symbolfigur für einen kollektiven Hass; so schien im Herbst 2001 jeder der rund 3.500 Bielefelder im Bochumer Ruhrstadion ganz für sich selbst entschieden zu haben, heute Wosz auszupfeifen. Auch ich erinnerte mich vage an Vorkommnisse aus der Steinzeit, irgendetwas war da, es hatte wohl mit einem Stinkefinger zu tun. Genaues war mir jedoch entfallen – egal: Wosz, der wuselige Zwerg, ist schon rein vom Auftritt her die personifizierte Unsympathie. Ich wollte ihn an diesem Sonntagnachmittag einfach hassen, und mit mir alle Arminen im Block. Nach den Pfeifattacken gen Mario Basler vor vielen Jahren in Bremen, die »Super-Mario« dahingehend provozierten, dass er schließlich ein Büschel Gras aus dem Stadionboden riss und in unsere Richtung warf, habe ich bis zu diesem Bochum-Spiel nie wieder solch einen schönen Mob erlebt. Ich war schon nach einer Viertelstunde ausgelaugt vom Fäusteschütteln und Aufspringen, sobald der Pole am Ball war. Mein Hals war so trocken vom dauerhaften Buhen, Schreien und Wilde-Flüche-Ausstoßen, dass ich mich meiner Gesundheit zuliebe in der zweiten Halbzeit zurückhalten musste mit dem Hassgetue. Wosz kam im zweiten Durchgang ohnehin nicht mehr in den Bereich vor dem Gästeblock, wo er anfangs noch zwei Ecken getreten hatte. Was in diesen Momenten allerdings auf den Giftzwerg hernieder gegangen war, welch bitterböser tiefer Hass sich während dieser Eckstöße in Form von Trinkbechern,

Stadionzeitungen und anderen erdenklichen Gegenständen über ihm ergoss – das war wunderschön! Er schien zwar gefasst und zeigte keinerlei Reaktion, ließ die nächsten Eckstöße jedoch von einem Mitspieler treten.

An diesem Nachmittag hätte kein Verwandter, schon gar kein Chef und um Himmels Willen kein mit mir sympathisierendes Mädel – am besten überhaupt keine Bekannten – im Block mit dabei sein dürfen! Ich war über mich selbst erschrocken ob der bisher nie da gewesenen Wutausbrüche und Hassschübe. Obszönen Gesten und Kraftausdrücken, die ich niemals meinem Emotions-Repertoire zugerechnet hätte, ließ ich – oder der Teufel, der mich ritt – freien Lauf, dass es mich grauste. Was war nur los mit mir? Mit dem Schreien, dem unbeschreiblichen Gestikulieren war es nicht getan: Ich tat etwas noch viel Entsetzlicheres. Etwas, von dem ich ebenso wenig angenommen hatte, es jemals tun zu können: Ich warf einen Gegenstand auf das Spielfeld. Und zwar eine Bratwurst, eine halbe, um ganz genau zu sein. Es war im Moment, als Wosz seine zweite Ecke trat, keine zehn Meter von uns entfernt, und als die Luft erfüllt war von irren Pfiffen, sich zu einem dumpfen Getöse vermischenden Schimpfwörtern, Trinkbechern und Feuerzeugen. Die Zeit schien still zu stehen, der Lärm ausgeblendet, als ich ausholte und den Bratling von mir schleuderte. Im Zeitlupentempo sah ich ihn fliegen – halt, das stimmt gar nicht: Ich weiß gar nicht, ob die Wurst das Spielfeld erreicht hat, so erregt war ich. Ob sie vielleicht im Fangnetz hängen geblieben oder mir sogar einfach nur aus der Hand geglitten ist, kann ich nicht sagen. Genauso wenig, ob noch Senf dran war oder nicht. Freunde, denen ich von meinem »großen Wurf« erzählte, fragten noch ganz andere Sachen: ob sie denn nicht geschmeckt hätte, die Wurst. Die Story gefiel allen, belustigte. »Wie teuer war das Ding denn, essen Polen überhaupt Bratwürste?« Hahaha, ich weiß nicht, ob ich im Nachhinein lachen oder mich schämen soll Nein, schämen nicht. Dazu war das alles zu schön. Und übrigens: Mein Kollege Olli Wiegand hält jetzt bei jedem Arminia-Spiel, das er zufällig im Fernsehen sieht, »nach fliegenden Bratwürsten Ausschau«. Der alte Scherzkeks.

Zu Fanartikeln habe ich ein gespaltenes Verhältnis. Ich bin nicht derjenige, der zu Beginn der neuen Saison das aktuelle Trikot kauft. Ich gebe es zu: Ich habe nur ein Arminia-Trikot. Das »Westfalenblatt«-Trikot mit der Rückenbeflockung »Schroedel«, das mir die Fortuna-Fans einmal zum Aufstieg geschenkt haben. Wo meine schwarz-weiß-blauen Schals sind, weiß ich nicht. Im Schrank bei mir liegt nur ein St.-Pauli-Schal, den mein Cousin aus Hamburg mir aufgezwängt hat, als wir das Arminia-Spiel im Mai 2018 am Millerntor angeschaut haben. Da es keine Karten für den Gästeblock mehr gab, hatte mein Cousin zwei Dauerkarten für diesen Tag organisiert. Ich stand mit ihm im Pauli-Block. Ich schwöre, ich habe das braun-weiße Ding hinterher nie wieder angerührt. Einen meiner Fan-Schals habe ich vom Verein bekommen, damals, zu Weihnachten, als es so beschissen lief. Alle Mitglieder haben damals den Schal als »Wiedergutmachung« erhalten.

»Ziehst du den Schal immer an, wenn du ins Stadion gehst?«, will Nina wissen. Nein, entgegne ich. »Aber ist das nicht so eine Art Talisman für dich, etwas, woran du deinen Glauben klammern kannst?«, fragt sie. Aber ich bin nicht abergläubisch – aber wie steht's mit dem Rest der Arminen?

Sind Arminia-Fans abergläubisch?

Blaue ungewaschene Pullover, angebissene und unter Autoreifen geworfene Fruchtgummi-Mäuse, Umwege über falsche Autobahnabfahrten – die Phantasie abergläubischer Fußballfans scheint unerschöpflich. Was die Großen wie Udo Lattek vormachen, um Siegesserien nicht abreißen zu lassen, machen die Kleinen nach. Jedoch nicht jeder Fan wird mit seinem Mystizismus so berühmt wie Nick Hornby. Meistens verpuffen diese kleinen Spleens wieder, ohne dass je jemand groß daran Notiz genommen hätte, wie eben bei meinem Arbeitskollegen und seinem Tick mit der Fahrtroute. Wie blöd muss man sich eigentlich vorkommen, festen Glaubens an den Fortbestand der Serie wochenlang über Umwege zum Stadion gefahren zu sein und nach dem 0:3 dann ernsthaft zu überlegen, was man denn wohl falsch gemacht haben könnte bei der Anfahrt: vielleicht doch nicht die »richtige« falsche Abfahrt genommen?

Als ob Janni und Kollegen sich irgendwie darum scheren würden, was für einen Pullover ich trage, ob ich rasiert, mit der Freundin im Stadion oder ungeduscht bin!

Ich verstehe die Probleme, die Nicht-Fans mit Fans haben. Ich begreife, dass sie nicht begreifen können. Zu undurchschaubar ist unser Wesen gestrickt, als dass sich für Laien eine Logik des Fan-Seins erschließen ließe. Es verwirrt, wenn ihnen ein selbst bekennender, extremer Fußballfan wie ich am Samstagabend die Bundesligaergebnisse nicht nennen kann. »Sorry, aber Schalke und Bayern interessieren mich nicht!« Wie das? Ist nicht jeder Fußballfan automatisch heiß auf die Erstliga-Resultate? Nein, ich nicht, nur wenn ich genügend Zeit habe. Aber ansonsten, erkläre ich, interessiert mich nur die eigene Liga und eigentlich auch allein unser Spiel – Fußballsucht hoch dosiert und auf einen winzigen Ausschnitt fokussiert. Aha, nickt dann manch einer, wähnend, etwas begriffen zu haben. Und ich freue mich darüber, ihm etwas Wichtiges erklärt zu haben. Wie fragil die Welt der Fan-Weisheiten ist und wie schnell alles Begriffene wieder zusammenbricht, zeigt sich jedoch schnell. Trifft mich der frisch »Aufgeklärte« nämlich ein paar Tage später in der Stammkneipe wieder und erlebt, wie ich mir dort (früher) das Montagabendspiel Ahlen gegen Fürth anschaue, fällt er vom Glauben ab. Dass mich Spiele ohne Beteiligung von Arminia nur bedingt interessieren und keinesfalls erregen – hab' ich das wirklich gesagt? Der völlig Verwirrte könnte wahrscheinlich denken, ich sei Fan von Fürth, so wie ich den Ausgleichstreffer zum 1:1 bejubele! Dabei geht es doch nur darum, fasele ich, dass beide Teams nicht gewinnen; Fürth soll auf Distanz bleiben auf unseren dritten Platz, und Ahlen darf nicht gewinnen, weil das ja Nachbarn sind von Bielefeld. Verstanden? Wenn er jetzt nickt, der Gast da am Kneipentisch, dann lügt er.

Genau genommen hat dieser Mensch ja Recht, sollte er insgeheim denken: »Der spinnt ja«. Wie lächerlich, sich über ein solch lächerliches Spiel zu erregen, zu schimpfen, zu jubeln, und nach dem Schlusspfiff entspannt zu schauen, da das strategisch erwünschte Remis zustande gekommen ist! Dass alle Gefühlsregungen nur einem Bruchteil derjenigen entsprechen, die bei einem »echten« Spiel zum Ausbruch kommen, können die wenigsten wissen. Wie viel heftiger ich bei einem Bielefeld-Match schimpfe, fluche und jubiliere, erahnt keiner, der meint, er habe mich schon bei einem »neutralen« Spiel als echten Fan erlebt. Um die völlige Verwirrung komplett zu machen, gibt es dann auch noch solche Partien, wie das DFB-Pokalspiel zwischen Paderborn und Bayern. Dass ich dieses Spiel unbedingt live am Kneipenfernseher verfolgen musste, war nicht etwa mit der Sympathie für einen dieser beiden Vereine begründet, wie Unwissende es erst annahmen, nein, es hatte einen anderen Grund: Das Spiel fand auf der Alm statt. Und ich war heiß darauf, irgendetwas Bekanntes zu erspähen, möglichst oft den Namen »Alm« zu hören und natürlich »Arminia Bielefeld«.

Fans sind bekloppt. Ihnen springt das Herz, wenn der Fernsehmoderator nur den Vereinsnamen erwähnt. Deswegen schaute ich mir das Spiel an. Ich jubelte, als das Vereinsheim zu sehen war und schimpfte bitterlich, weil der Bildregisseur einfach ausblendete, als im Block 3 die riesige Arminia-Flagge ausgebreitet wurde. Fans sind bekloppt – zumindest *das* begriff jeder in der Kneipe, der mich an diesem Abend beobachtete.

Ich verzeihe gern und viel. Am meisten müsste ich dann einem Ex-Kumpel verzeihen, der mich damals ein Vermögen gekostet hat. Ein bisschen habe ich ihm sogar verziehen, so ungefähr 1.000 Mark. Danach folgen gleich meine Eltern. Denen verzeihe ich viel mehr. Etwa, dass wir keine Haustiere und keine Mofas haben durften. Die Kniepigkeit etwa, die unnötige Knauserigkeit, die unsere Kindertage begleitet hat, nehme ich Mutter und Vater nicht krumm. Auch nicht, dass ich mit zwölf unbedingt einen Schreibmaschinenkurs belegen oder zum Judo musste. Verziehen ist, dass wir niemals das Pizza-Taxi nach Hause bestellen durften oder früher einfach Hosen mit herzförmigen Flicken zum Anziehen bekamen. Meine Eltern wussten nicht, dass solche Hosen peinlich sind, und wir wussten es auch nicht und haben uns deshalb nicht gewehrt. Ich habe den Alten vergeben, dass wir Kinder Silvester 1986 zu »My Fair Lady« mitmussten und nicht draußen knallen durften. Eine Bestrafung war es damals, ins Musical zu müssen. Heute sehe ich das nicht mehr so dramatisch.

Grundlegend gehe auch mit dem erzieherischen Ansatz konform, den kindlichen Fernsehkonsum nicht in allzu entlegene Dimensionen schwappen zu lassen. Was sich meine Eltern allerdings auf diesem Gebiet geleistet oder uns nicht gegönnt haben, finde ich auch heute noch ein starkes Stück – und die beiden fanden das übrigens selbst auch: Warum sie uns in den frühen 80er-Jahren die »Otto-Show« nicht haben gucken lassen oder »Nonstop Nonsens« mit Didi Hallervorden, verstanden die Alten, weiser geworden und reifer, selbst nicht mehr. Sie schämten sich mittlerweile dafür, dass ich mit 15 Jahren den Subkulturen-Spielfilm »Quadrophenia« nicht gucken durfte. »Ich kann's nicht mehr verstehen, dass wir euch das verboten haben«, grübelte meine Mutter. Sie schämte sich zurecht.

Denn sie erinnert sich noch an eine andere Geschichte. Und wenn sie sieht, was für ein großer Fußballfan ich heute bin, grauste es meiner Mutter, wenn sie an die WM 1982 zurückdachte: Ich durfte das Halbfinalspiel Frankreich – Deutschland nicht gucken. Jenes legendäre Spiel, das alle sahen und von dem sie heute noch sprechen. Eines der wichtigsten Fußballspiele überhaupt; ich durfte es nicht anschauen, es war abends, zwar Sommer, aber mitten in der Schulzeit. Warum? Sie wusste es nicht. Ich war 13 Jahre alt. Meine Mutter schämte sich dafür, mir ein wesentliches Stück Fußball-Biografie gestohlen zu haben. Vielleicht verzeihe ich ihr irgendwann. Ja, weil sie mir verziehen hat, dass ich die Volontärsfahrt nach Polen hab' sausen lassen, weil ich die Busfahrt nicht ausgehalten hätte; am letzten Spieltag, wenn Arminia gegen Ahlen um den Aufstieg kämpft!

Es ist legitim, zumindest einen Tag lang zu denken: In diesem Leben kann nichts Schlimmes mehr passieren. Die Augen geschlossen, unter mir das weiche, grüne Gras. Mit jeder Sekunde, die verstreicht, fallen Tonnen von der Seele. Süße fünf Minuten lang. Unendlich leicht geworden, öffnen sich die Augen wieder. Sie blinzeln in den blauen Himmel, in die Wolken, in die Flutlichtmasten des Osnabrücker Stadions …

Ja, so fühlt sich ein Aufstieg an: unendlich ruhig, obgleich Tausende um einen herum unbeschreiblichen Lärm verursachen. Mitten auf dem Spielfeld, der sonst nur den 23 Hauptakteuren vorbehalten ist. Aber an solch einem Tag ist alles anders. Denn: Es kann nichts Schlimmes mehr passieren. Nie mehr. Zumindest darf man das denken. Mindestens 24 Stunden lang. Das war 2004 in Osnabrück. Ich hatte Stunden lang eingepfercht im Auswärtsblock gestanden. Man hatte viel zu viele Leute reingelassen in diesen Block. So voll habe ich es in einem Stehblock nur gegen Hertha (1:0) und gegen Rot-Weiß Essen (4:0) auf der Alm erlebt. Nach dem Schlusspfiff des 0:0 in Osnabrück stürmte ich mit den anderen Fans den Platz: meine letzte Pitch Invasion, da uns solch ein Erlebnis im Sommer 2020 durch Corona »geklaut« wurde. In Osnabrück legte ich mich mit dem Rücken auf den Rasen, starrte in den Himmel und nahm die anderen Tausend, die um mich herum liefen, gar nicht recht wahr. Kein Bekannter sprach mich an, und so blieb ich dort zehn Minuten lang liegen. Aufstiegs-Feeling. Unglaublich. Schwerelos. Es kann nichts Schlimmes mehr kommen.

Es ist dann sogar fünf Jahre nichts Schlimmes passiert, nichts wirklich Schlimmes zumindest. Frühjahr um Frühjahr konnte Arminia die Katastrophe im letzten Moment verhindern, bis zum Mai 2009. Ich hatte bis dahin schon gedacht, ich hätte das Absteigen völlig verlernt und würde nach fünf Jahren am Stück in der ersten Liga den Sturz in die Zweite wie einen Fall vom Turm der Sparrenburg auf den Steinvorplatz erleben. Aber nein, selbst meine Freundin, die ich an jenem Aufstiegswochenende von Osnabrück zum ersten Mal besucht hatte, staunte, wie gefasst ich den Gang in die Zweitklassigkeit verkraftete. Nach einer 0:1-Niederlage in Mainz, meinte sie, würde ich trauriger wirken. Aber auf ein 0:1 durch Elfmeter am Bruchweg kann man sich auch nicht lange genug mental vorbereiten. Auf den Abstieg schon.

Noch ein Jahr später muss ich genau wie jeder andere Armine sogar froh darüber sein, dass der DSC immer noch in der zweiten Liga spielt. Dass der Verein die Nerven der Fans bis zur letzten Sekunde des 34. Spieltages strapaziert, wussten wir ja seit Jahrzehnten. Aber wochenlang darüber hinaus zittern zu müssen und zu hoffen, dass die DFL den Verein nicht in die Fußball-Bedeutungslosigkeit schickt, das war eine ganz neue Qualität der Quälerei. Oh wie typisch, oh wie ungerecht, dachte ich – so etwas kann doch wohl nur Arminia passieren (und ignorierte, dass es Rot-Weiß Essen, Dynamo Dresden und anderen viel schlechter ergangen ist).

»Wieso, was ist mit denen geschehen?«, fragt Nina. Die haben keine Lizenz mehr bekommen für die Zweite Liga, antworte ich. Die sind zwangsabgestiegen. Das muss furchtbar sein, plötzlich

im Amateurbereich wieder anfangen zu müssen. Zum Glück ist das Arminia bisher erspart geblieben. Dynamo hat sich zurückgekämpft, ist nach dem Wiederaufstieg in die Zweite Liga 2020 zwar abgestiegen, spielt aber gut in der Dritten Liga. Und dort spielt auch Rot-Weiß Essen, die sich seit Jahren mit der Regionalliga begnügen mussten. »Dritte Liga ist schon heftig«, erkläre ich meiner Zuhörerin. Mehrere Jahre verbrachte Arminia in der Drittklassigkeit. Da gibt es zwar viele Siege, aber die Tristesse ist doch nicht zu übersehen. »Dann muss es für dich ja wirklich ein Traum sein, wieder in der Ersten Liga spielen zu dürfen«, bringt es das Mädel auf den Punkt.

Ja, seit dem Abstieg aus der ersten Liga waren elf Jahre vergangen – und Arminia war wieder in der ersten Liga. Nach einer überragenden Zweitligasaison 2019/2020 war die Rückkehr perfekt, und ich konnte mich nun in der langen Sommerpause entspannt zurücklehnen. Dieser Aufstieg war einfach sagenhaft. Bis zum Schluss hat Arminia Vollgas gegeben und mit 13 Punkten Vorsprung auf den dritten Platz den Gang ins Oberhaus verdient klar gemacht. Leider konnte ich beim Aufstiegsspiel – wie jeder andere Fan auch – nicht dabei sein. Die Nachholbegegnung daheim gegen Dynamo Dresden fiel in die Corona-Zeit, und ich erlebte den 99-prozentigen Aufstieg am Fernseher mit. Ein sattes 4:0 machte den Aufstieg praktisch perfekt, auch wenn es noch theoretische Chancen gab, dass der DSC es nicht schafft. Aber diese Zweifel waren einen Tag später beseitigt, als nämlich der HSV zuhause nur Unentschieden gegen Osnabrück spielte. Am Ende hat es der HSV nicht einmal auf den Relegationsplatz geschafft, und ich empfand ein wenig Mitleid mit meinem Onkel Klaus, der im weit entfernten Kalifornien den Hamburgern die Daumen drückte. Und Mitleid empfand ich auch für die vielen Fortuna-Fans in meinem Bekannten- und Freundeskreis, denn die mussten den Weg in die zweite Liga antreten und gingen Arminia somit in der Erstligasaison 2020/2021 aus dem Weg. Matthes nahm es übrigens recht gelassen: »Haben halt scheiße gespielt«, resümierte er nach dem Abstieg. Ich weiß ja, wie weh das tut. Den schlimmsten Abstieg erlebte ich im Jahr 2014. Vermutlich geht es jedem DSC-Anhänger so. Die Relegation gegen Darmstadt war schon sehr grausam. Fabian Klos hat einmal gesagt (als Arminia wieder in der zweiten Liga war), er hätte »kein Darmstadt-Trauma«. Aber ich hatte es. Auf so schlimme Art in die dritte Liga abzusteigen, bleibt haften. Zumal mir Freund Thomas – Münsteraner und daher Preußen-Fan – schon während des Hinspiels beim Stand von 3:1 für Arminia per SMS zum Klassenerhalt gratuliert hatte. Wenn ich an das furchtbare Rückspiel denke, wird mir heute noch schlecht. Ich stand in SMS-Kontakt mit meiner Freundin, und sie bibberte mit. Obgleich sie sich überhaupt nicht für Fußball interessiert, schrieb sie, es sei »unglaublich spannend«. Zum Glück folgte einige Wochen später Deutschlands WM-Sieg, und meine Fußball-Seele wurde ein Stück weit getröstet. Wenn auch der Weltmeistertitel nicht ganz den Abstiegskummer vertreiben konnte.

Drittklassigkeit ist seltsam. Wie damals in der Oberliga schlug sich der DSC mit No-Names und Zweitvertretungen der Erstligaclubs. Dabei sah es im ersten Jahr in der dritten Liga anfangs ganz furchtbar aus. Meine Freundin hatte solches Mitleid mit mir, und sie war richtig erschrocken, als sie Arminia in der Tabelle ganz unten ausmachte. Arminia hat sich dann aber wieder gefangen und fing an zu siegen. Wobei solch ein Sieg auch nur drittklassig ist: Über einen Erfolg in der ersten Liga – wie gegen Köln (1:0), Mainz (2:1) oder auf Schalke (1:0) freue ich mich proportional zur Ligazugehörigkeit mehr. Ein Erstligasieg ist also dreimal so wertvoll wie ein Triumph in der Drittklassigkeit. Obwohl ich die Siege auch damals genoss. Die dritten ARD-Programme zeigten viele Spiele live, immer eines am Wochenende, und meistens war Arminia mit dabei. So erlebte ich etwa ein 4:0 gegen Osnabrück, ein 0:1 gegen Kiel oder das 2:2-Aufstiegsspiel gegen Regensburg im »Dritten« mit. Ich war gerade Vater geworden, und da war es mit Stadionbesuchen etwas schwierig. Ich erinnere mich noch an das Pokalspiel gegen Nürnberg, das in die Anfangszeit der Drittklassigkeit fiel, und das, wie der Saisonauftakt gegen Stuttgart II, gründlich in die Hose ging. Der DSC ging zwar gegen den Club mit 1:0 in Führung, verlor am Ende aber mit 1:4 – und das sollte schon das »Spiel der Saison« gewesen sein? Glücklicherweise weilten wir damals gerade im Vital-Hotel in Bad Lippspringe, sodass ich eine nur kurze Fahrt zum und vom Stadion weg hatte und meinen Frust in der herrlichen Saunalandschaft des Hotels ausschwitzen konnte.

Zwei Spiele, die in die Drittklassigkeit fielen, sind mir besonders in Erinnerung geblieben. Im Frühjahr 2015 flog ich mit meiner damals 81-jährigen Mutter nach Amerika und Guatemala. Zuerst besuchten wir Tante Gesa in Springfield/Ohio. Und ich war nervös. Weil in diese Zeit das Pokalspiel gegen Werder Bremen fiel. Ich meldete mich bei meiner Cousine, die gleich nebenan wohnt, an, um dort das Spiel übers Internet gucken zu können. Doch irgendwie funktionierte es nicht, und ich bekam nur die Radioübertragung mit – just ab dem Moment, als Arminia die Führung auf 2:0 ausbaute. Was für ein Triumph, fern der Heimat, und einen Bundesligisten rausgeschmissen! Der Urlaub fing gut an, und das Barbeque bei meiner Cousine schmeckte umso mehr.

Wir sind dann von Ohio aus weiter gereist zu meinem Onkel Peter, der eigentlich in Lake Tahoe/Kalifornien zuhause ist, zusammen mit seiner Ehefrau aber ein großes Grundstück mit Haus in einem kleinen Dorf in Guatemala geerbt hat. Die Fußballergebnisse (Achtung, Zeitverschiebung!) bekam ich per Smartphone mit, was prima funktionierte. Es war immer früh morgens, wenn die Drittliga-Ergebnisse aus Deutschland kamen. Einmal machten wir früh morgens eine Wanderung durch ein Naturschutz-Reservat, noch vor dem Spiel im fernen Deutschland. Mein Onkel fragte mich, warum ich so still sei. Ich sagte nicht, dass ich wegen des Spiels nervös war, sondern: »Ist ziemlich früh für mich!« An einem Samstag brachte ich meinen Onkel dazu, auf dem Laptop während des Frühstücks die Partie gegen Hansa Rostock aufrufen zu dürfen. Ein grandioser Sieg, morgens um 8 Uhr und garniert mit einer gesalzenen Avocado-

Frucht. Später bin ich mit meiner Mutter dann noch nach Kalifornien geflogen, um meinen Onkel Klaus, den HSV-Fan, zu besuchen. Da gab es für mich am frühen Morgen die Nachricht von einer Niederlage gegen Stuttgart II. Und dann Frühstück. Und dann Whirlpool. Und dann via Satellitenanlage »Sky« und das Spiel des HSV gegen Hertha BSC. Und obwohl mir mein Onkel ein wenig leid tat, weil sein Verein schon wieder verlor, war es irgendwie tröstlich, dass ich mit meiner Niederlage nicht alleine dastand. Später kamen dann ein Dutzend Freunde meines Onkels, um zusammen deutsche Volkslieder zu singen, und jedem sagte er, heute wäre sein Pechtag, »weil der HSV gegen Berlin verloren hat« – dabei hatte Klaus sich in dieser Zeit doch schon ans Verlieren gewöhnt.

»Nicht mal im Urlaub kannst du abschalten und Fußball Fußball sein lassen?«, fragt meine Tischgenossin. Nein, auch im Urlaub nicht. Wie ich an Spielergebnisse vor der Handy- und Smartphone-Zeit gekommen bin, habe ich ja an anderer Stelle schon erläutert. Die Stelle mit den deutschen Volksliedern hat sie aufmerksam gemacht. »Singst du eigentlich beim Fußball?«, fragt sie. Guter Einwand: Was singen Arminia-Fans eigentlich?

Fangesänge mag ich. Der erste Fangesang, den ich im Stadion miterlebte, war »Scheiß Werder Bremen« nach der Melodie von »Guantanamera«. Es war im Düsseldorfer Rheinstadion beim Spiel Fortuna gegen Werder. Es war mein erster Stadionbesuch, ich war zwölf und noch kein Fußballfan geschweige denn Arminia-Fan. Der Vater meines Freundes Martin, damals schon eingefleischter Fortuna-Fan, hatte uns begleitet. Bevor ich das erste Mal bei Arminia war, besuchte ich fast immer das Rheinstadion. Und die Grotenburg-Kampfbahn in Krefeld. Aber ich wollte ja etwas über Fangesänge mitteilen. Je einfallsloser und unmelodischer, desto besser. Eigentlich ist mein Lieblings-Fangesang »O du fröhliche, o du selige, Tore schießende Arminia, Arminia ist gekommen, die Punkte zu holen, freue freue dich, Arminia«, natürlich nach der Melodie von »O du fröhliche«. Ich habe den Song so oft gesungen, dass er mir in Fleisch und Blut übergegangen ist. So sehr, dass ich Heiligabend in der Kirche aus Versehen die Arminia-Version gesungen habe. Die Gesänge sollten relativ spontan sein. Einstudierte Lieder finde ich nicht so gut. »Arminia, Arminia, wie schön sind deine Tore« singe ich zwar im Stadion mit, finde den Song aber nicht besonders. Genauso geht es mir mit der so genannten Hymne: »Arminia, Arminia, wir sind die besten Fans der Welt ...« Ich finde den Song zu farblos, zu vergleichbar mit den Hymnen anderer Vereine. »Stern des Südens« von den Bayern gefällt mir genauso wenig wie »Der FC Schalke wird nie untergehn«: Obgleich die Schalker ja auch noch das Steigerlied haben, das ich hingegen sehr mag. »Hamburg, meine Perle« ist schon ein bisschen origineller als das sonstige Hymnen-Einerlei. »Arminia, du spielst so schön, drum lasst uns auf die Alm jetzt gehen« nach der Melodie von »Veronika, der Lenz ist da« geht auch noch so eben. Ich habe mal versucht, es besser zu machen und selbst ein Arminia-Lied geschrieben. Es geht so:

Ostwestfälischer Regen
Stau auf der A2
Ein Kuss auf der Sparrenburg
Es ist Viertel nach drei

Nur ein lautloses Summen
Füllt die lauwarme Luft
Eine Flasche zieht Kreise
Und dazu Bratwurst-Duft

Zusammengestanden wie noch nie
Spielt eine alte Melodie
Heut ist der Triumph so nah
Heute werden Träume wahr
Wie ein Mann, so stehn wir da
Heute klappt's, Arminia

Nie, da war der Sieg so nah
Glück vor Augen, hell und klar
Zuversicht, wo Zweifel war
Heute klappt's, Arminia

Weil wir stolz für dich glühen
Arm in Arm, Hand in Hand
Auch in schwierigen Zeiten
Wir-Gefühl schlägt Verstand

Stunden, Tage und Wochen
Jahre ziehn ins Land
Und nur eins bleibt bestehn
Schwarz-Weiß-Blau hat Bestand

»Das müsstest du jetzt bloß noch singen, damit ich eine Vorstellung davon habe«, erzählt Nina. Doch das will ich hier in der Kneipe lieber doch nicht tun. Überhaupt, eine Melodie für den Song habe ich noch nicht. Es gibt andere Lieder, die ich geschrieben habe, und die auch eine Melodie haben. Musik war für mich immer die zweite Leidenschaft nach dem Fußball, das weiß meine Zuhörerin bereits. Das fing mit 15, 16 Jahren bei mir an, als ich den Rock 'n'Roll kennen lernte. Und das Bier. Und die Mädchen. Und alles fiel in eine Zeit der Fußball-Tristesse.

Die Oberliga-Zeit. Es war eine dürre Zeit für unsere Arminia. Ende der 80er bis Anfang der 90er-Jahre ging es über die Dörfer. Gegen Schöppingen, Wanne-Eickel und Rheine. Im Fernsehen gab es keine Arminia zu sehen, auch im Radio wurde nur gelegentlich über die Oberliga-Ergebnisse gesprochen. Internet und Smartphones gab es noch nicht, so beschränkten sich meine Informationen auf die Montagsausgabe der »Rheinischen Post«. Dort wurden die Ergebnisse abgedruckt. Es war fußballmäßig eine Magerkost-Zeit, obgleich Arminia immer oben mitspielte und auch viele Spiele gewann. Aber ich konnte den DSC nicht sehen. Ich war nach wie vor Arminia-Fan und freute mich, wenn ich am Montag beim Zeitungslesen von einem Triumph erfuhr. Aber andere Dinge wurden ebenfalls wichtiger: Mädchen, Rock 'n' Roll und Autos, zum Beispiel. Das Live-Mitfiebern am Radio war vorbei. Zum Glück gab es den »Kicker«, aus dem ich über Hintergründe informiert wurde.

Ich hatte eine Freundin, die gar nicht verstand, wie ich an einem Verein hängen konnte, den es – in ihren Augen – gar nicht gab. Für sie existierten nur Clubs, die auch im Fernsehen präsent waren. Also höchstens noch Zweite Liga. Damit konnte ich ihr aber nicht dienen. Meine Freundin erfuhr die Ergebnisse immer nur von mir – und das ist auch der Grund für einen bitterbösen Streit, den wir einmal hatten. Es ist ein bisschen sexistisch, aber wir hatten es für uns zum Ritual gemacht, dass sie mich bei Niederlagen auf eine ganz bestimmte Weise tröstete. Diese sexuelle Zuneigung gab es tatsächlich nur als Trostpflaster bei Misserfolgen, sonst nie. Da sie ihre Sache aber sehr gut machte und ich Gefallen an diesen Trost-Nummern gefunden hatte, erfand ich einmal eine Niederlage. Ich weiß gar nicht mehr, gegen wen, ich glaube, es war Schöppingen. Ich sagte ihr also, dass wir verloren hatten, was gar nicht stimmte, nur um in den Genuss ihrer Zuneigung zu kommen. Und irgendwie, dieses eine Mal, fand meine Freundin das korrekte Resultat heraus, ich weiß nicht, wie. Es gab auf jeden Fall einen heftigen Streit um diese Erschleichung von Leistungen. Wir waren dann auch nicht mehr lange zusammen.

Nina lacht. »Das geht ja wirklich gar nicht«, sagt sie. »Deine Freundin zu betuppen.« Ganz ernst meint sie den Vorwurf aber nicht. Ich hatte nie eine Freundin, die meine Fußballleidenschaft verstanden hat. Arminia lief immer so als Spleen nebenher. Ja, meine Freundin hatte schon manchmal zu leiden, wenn ich überaus nervös war oder auch bedrückt wegen einer Niederlage. Einmal hat sie mich, als Freund Arnd anrief, entschuldigt: »Der liegt krank im Bett«. Es waren noch fünf Minuten zu spielen, und wir führten 1:0 gegen Nürnberg. Fußball ist nun mal vorrangig eine

Männersache. Dass eine Partnerin sich genauso wie ich für Fuß-
ball oder sogar Arminia begeistern könnte, den Gedanken habe ich
mir aus dem Kopf geschlagen. »Aber du hast doch Bekannte, bei
denen beide Fußballfans sind«, gibt das Mädel zu bedenken. Ja,
das stimmt, bei Andrea, Jürgen und Fortuna ist das der Fall. Aber
sonst? Es sind die Männer, die dem Fußballvirus verfallen sind.
»Wie findest du eigentlich Frauenfußball?«, kommt da die über-
raschende Frage. Ist fast so prickelnd wie Hallenfußball, schießt
es mir kurz durch den Kopf. Aber nein, es ist anders, ich will der
jungen Frau eine richtige Antwort geben. Wie finden Arminia-
Fans Frauenfußball?

Der geschätzte Freund und Kollege Thomas Fromme aus
Münster (ja, er ist Preußen-Fan und trotzdem ein Freund) hat
einmal über Frauenfußball gesagt: »Ist auch schön, aber was
ganz anderes.« Ich möchte mich dieser Meinung anschließen.
Frauen- und Männerfußball kann man einfach nicht miteinander vergleichen. Ich habe mich über den Sieg der Frauen-Natio-
nalmannschaft bei der Weltmeisterschaft damals auch gefreut,
aber nicht so sehr wie über einen Arminia-Sieg. Die Verhältnisse
sind klar. Dort der raue, echte Männer-Fußball, teilweise brutal
und mitreißend, dort der weichere Frauen-Fußball, sicherlich
filigran und technisch anspruchsvoll, aber eben nicht von der
Körperlichkeit, die ich beim Soccer gewohnt bin. Ich habe sogar
während meiner Redakteurszeit in Moers ein (telefonisches) Interview mit Nia Künzer, der Golden-Goal-Torschützin aus dem
WM-Finale, geführt, und Nia war mir auch sympathisch, aber
ich wäre aufgeregter gewesen, wenn ich mit Thomas Stratos oder
Billy Reina telefoniert hätte.

Ich kann es nicht eindeutig erklären, aber Frauenfußball reißt
mich einfach nicht vom Hocker. Auch mit der Arminia-Frauen-
mannschaft ist das nicht anders. Ich weiß, dass es sie gibt und
finde das auch gut. Aber ich weiß nicht einmal, in welcher Liga
die Mädels spielen, geschweige denn, ob sie erfolgreich sind oder
schlecht spielen. Ich glaube, dieses Desinteresse ist ein bisschen
unverschämt als Arminia-Fan, und ich kann mich bei den Ki-

ckerinnen nur dafür entschuldigen, dass ich nicht eine einzige Spielerin mit Namen kenne. Aber ich glaube, ich stehe mit dieser Einstellung nicht alleine da und denke, dass es den meisten Arminia-Fans so geht und sie das Frauenteam weitestgehend ignorieren. Ist vielleicht nicht fair, liegt aber in den Genen des männlichen Fußballfans.

»Ojeh«, ächzt meine Zuhörerin auf. »Das muss ich alles nicht verstehen«, meint Nina. Nein, muss sie auch nicht. Wenn sie nur ein Stückchen meiner Gefühlswelt kennen lernt, bin ich ja schon zufrieden. Aber je länger ich jetzt mit ihr hier sitze, desto unwahrscheinlicher kommt es mir vor, sie begreift wirklich, wie ein Arminia-Fan tickt. Es ist aber auch wirklich manchmal schwer zu verstehen.

Sie will es nicht glauben, aber das typische Arminia-Feeling ist nicht der Siegesrausch. Viel typischer für die Schwarz-Weiß-Blauen ist ein verkorkstes Spiel, bei dem man am Ende mit leeren Händen dasteht. Wie am 14. September 2020 in Essen. In der ersten Runde des DFB-Pokals wurde Arminia von RWE rausgeschmissen. Es war – und das ist sensationell – die erste Pflichtspiel-Niederlage im ganzen bisherigen Jahr. So sehr ich mich über die vielen Siege in der Zweitliga-Saison 19/20 gefreut habe, so sehr war mir auch klar, dass ich mich an dieses Gefühl nicht gewöhnen darf. Die Zweitliga-Spielzeit lief viel zu glatt, das war gar nicht typisch DSC. Umso passender war es, dieser Highlight-Saison eine Niederlage bei einem drei Ligen tiefer stehenden Team folgen zu lassen. Es tut weh, aber das ist das bekannte Arminia-Gefühl. Alles andere passt nicht, die Siegesserien waren so etwas wie eine Fata Morgana: schön anzusehen, aber nicht echt (Arminia). Es setzte dann auch in der Ersten Liga gleich ordentlich Niederlagen, sogar sieben am Stück, so dass ich – es war nach dem 0:2 zu Hause gegen Dortmund – bei Facebook ausrief: »Ich will wieder in die Zweite Liga zurück!« Es kamen übrigens keine höhnischen Kommentare wie »Wärt ihr mal da geblieben« oder »Da kommt ihr schneller wieder hin, als ihr gucken könnt«, was mich ein bisschen verwunderte. Mittlerweile ist ja wieder Zweitliga-Tristesse, und ganz anders gelagert als 2019/2020. Der Fußball-Blues hat den DSC-Fan wieder – und es fühlt sich normal an

Ich versuche Nina klar zu machen, dass der Arminia-Fan an sich ans Verlieren gewöhnt hat und eine Schlappe daher nicht so schlimm ist. Irgendwie fühlte ich mich nach der RWE-Niederlage wieder wie Zuhause, als sei ich davor nur in einer Traumwelt unterwegs, auf Reisen, gewesen. Ich glaube wirklich, dass diese Niederlage typisch für Arminia war. Welcher Erstligist verliert denn schon nach so einer Mega-Saison gegen einen Regionalligisten. Ich weiß, dass der Fan oft von seinem Verein sagt, das sei »typisch« für ihn, zum Beispiel nach einer 3:0-Führung noch zu verlieren oder eben in der ersten Runde des DFB-Pokals gegen einen Klassentieferen auszuscheiden. Aber diese Schrulligkeit, dieses divenhafte Temperament ist einzigartig und mit keinem anderen Verein zu vergleichen. Da lege ich mich fest. Ja, die Fortuna-Fans in meinem Bekanntenkreis sagen auch alle, das sei »typisch« für Fortuna, zum Beispiel der Abstieg 19/20, aber ich finde, Fortuna ist konstanter und ausgeglichener beim Gewinnen und Verlieren Zu Beginn der Zweitligasaison 20/21 haben die Fortuna-Fans auch gesagt, das sei typisch für Fortuna, die ersten Spiele zu vergeigen. Dann haben sie die anschließende Siegesserie aber sehr genossen.

Das Mädel ist immer noch aufmerksam. Die Geschichte mit der Freundin aus der Oberligazeit hat Nina amüsiert. »Das muss ja eine schlimme Zeit für dich gewesen sein, so gar keinen Arminia-Fußball im Fernsehen mitzuerleben«, sagt sie und meint die Zeit in der Oberliga. »Naja, du hast ja auch 13 Jahre ohne Fußball überlebt«, meint Nina. Das stimmt, merke ich an, aber da war ich noch kein Arminia-Fan beziehungsweise noch gar kein Fußballfan. »Genau«, hakt sie nach, »was hast du denn eigentlich vor Fußball und Arminia gemacht?«, will sie auf einmal wissen: Was warst du vor Arminia?

Aus heutiger Sicht gibt eine ganz klare Antwort: Ein Nichts. Es ist ziemlich unvorstellbar, ein Leben ohne Fußball gelebt zu haben. Ich komme zu einem ganz bedeutenden Punkt: Was habe ich alles verpasst? Ich könnte in Tränen ausbrechen, wenn ich daran denke, welche Siege Arminia eingefahren hat, während ich mit meinen Geschwistern mit Stofftieren gespielt habe. Die Blauen spielten in der Bundesliga, und ich traf mich mit Freunden zum Radfahren. Arminia siegte, verlor und spielte unentschieden, während ich Biene Maja, die »Augsburger Puppenkiste« oder Captain Future angeschaut habe. Ich hätte nur umschalten müssen, und da wäre in der guten alten »Sportschau« ein Bericht über Arminia drin gewesen. Aber ich war ein Kind, ein ganz normaler Junge, der in den Kindergarten und später in die Schule ging und noch von keiner Leidenschaft zerfressen war. Ging es mir gut? Ja, mir ging es gut, vielleicht sogar besser, als wenn ich von der Existenz eines Fußballklubs 190 Straßenkilometer nordöstlich von Mettmann entfernt gewusst hätte. Wäre meine kindliche Seele zerrissen, wenn ich den Bundesliga-Skandal 1971 bewusst miterlebt hätte? Ich war zwei Jahre alt, wäre meinen Eltern aber dankbar gewesen, wenn sie mir auf sachte Art und Weise, spielerisch sozusagen, vermittelt hätten, dass es da einen Fußballverein gab, der mittels manipulierter Spiele den Abstieg vermeiden wollte. Das wäre doch wohl möglich gewesen. Ich denke an die Art und Weise, wie mein Vater mir die Erstürmung der »Landshut« in Mogadischu vermittelt hatte. Ich war an dem Herbstabend im Jahre 1977 sehr aufgeregt, weil ich die Brisanz der Situation – aus kindlicher Sicht natürlich – erkannt hatte. Am nächsten Morgen, als mein Vater mich weckte, fragte ich sofort als Erstes, was aus der Entführung geworden war. Mein Vater ersparte mir blutige Einzelheiten und sagte nur, die Polizei hätte die Gangster »zur Seite geschoben« und alle Geiseln befreit. Das war sehr einfühlsam von meinem Vater – wieso also hatte mir niemand vom Bundesliga-Skandal berichtet. Antwort eins: Ich war zwei. Antwort zwei: Meine Eltern hatten keine Ahnung. Wie soll man Fußball- oder sogar Arminia-Fan werden, wenn das Thema im Hause totgeschwiegen wird. Andere Kinder sind schon als Baby mit ins Stadion genommen worden. So sind Fan-

Karrieren vorbestimmt. Aber bei mir gab es bis zum 13. Lebensjahr alles, was ein Junge braucht, nur kein Fußball-Geschehen. Was wäre der 10. März 1979 für ein Freudentag für mich gewesen, wenn ich den DSC damals schon gekannt hätte: Wie jeder weiß, gewann Arminia damals mit 4:0 bei den Münchnern im Olympiastadion. Was heute unvorstellbar ist, geschah damals, und ich kriegte nichts davon mit. Ein Schauder läuft mir heute noch den Rücken herunter, wenn ich an die im Nachhinein gesehenen Tore von Eilenfeldt, Graul und Schröder denke. Das muss für diejenigen, die das Glück hatten, an jenem Tag Arminia-Fan zu sein, der vielleicht schönste Tag im Leben gewesen sein. Und ich? Spielte mit Stoffaffen.

Kann man Eltern einen Vorwurf machen, dass sie einen um einen möglichen Kindheitstraum gebracht haben? Wohl eher nicht. Sie wussten es nicht besser, konnten nicht erahnen, dass in dem zierlichen Jungen ein Arminia-Gen schlummerte, das erst drei Jahre später zum Ausbruch kommen sollte.

Was ich alles verpasst habe, erschließt sich mir erst nach und nach. Meine zweite große Liebe gilt dem Rock 'n' Roll und der Country-Music. Als ich 1969 geboren wurde, war Willie Nelson bereits seit vielen Jahren ein Star. Johnny Cash spielte sein berühmtes Konzert im Knast St. Quentin. Erst Jahrzehnte später traf ich auf dieses musikalische Highlight, das mich prägte. Okay, ich war 1969 noch nicht alt genug, um mich überhaupt für Musik zu interessieren, aber was war sieben, acht Jahre später? Ich wusste nichts von einem Willie Nelson, einem Johnny Cash oder einer Emmylou Harris, die damals in den späten 70ern die hübscheste Country-Queen der Welt war. Noch heute bin ich ein bisschen verliebt in die Emmylou von 1976. Wie schön wäre es gewesen, damals als Kind schon »Amarillo« oder »Tulsa Queen« zu hören bekommen zu haben. Etwas Phantastisches spielte sich ab, und ich bekam es nicht mit. Immerhin »Truck Stop« ging nicht einfach so am mir vorbei. Die Hamburger Band trat in der Hitparade auf, und so bekamen ich und meine Geschwister »Der wilde, wilde Westen« oder »Old Texas Town« mit – Songs, die ich auch heute noch gerne höre. Ich war sogar mit meiner Mutter, als sie 83 war, auf einem Konzert von »Truck Stop«, im Sommer in der Nähe von Hamburg. Aber die anderen Highlights, die damals parallel zu meinem Kindsein passierten, gingen an mir vorüber. Hank Williams zum Beispiel war schon viele Jahre tot, als ich geboren wurde. Die Liebe zu seinen Werken musste ich mir Stück für Stück erarbeiten. Als ich mit 16 Jahren anfing, Rock 'n' Roll zu lieben, war vieles schon vorbei. Das ist schade. Crazy Cavan, ein Rockabilly-Musiker aus Wales, spielte schon damals mit seiner Band, und ich hatte das Glück, ihn bis zu seinem Tod im Februar 2020 viele Male zu erleben. Willie Nelson habe ich nur einmal gesehen, 1994 in der Düsseldorfer Tonhalle, und ich habe mehrfach versucht, den alten Mann noch einmal zu sehen. Zweimal verschob er den Konzerttermin in Nashville im Jahre 2020 wegen Corona, zweimal musste ich Flüge und Hotelübernachtungen stornieren. Aber ich habe mir vorgenommen, vor dem Hintergrund so vieler Versäumnisse in der Kindheit, alles von ihm mitzubekommen und mit ihm den Weg, der noch bleibt, zurückzulegen.

Das gilt auch für Arminia. Ich möchte nichts in der Zukunft meines Clubs verpassen.

Das Mädel ist immer noch voll bei der Sache. Mittlerweile hat Nina sich die vierte Cola bestellt. Ich habe ihr jetzt viel von Arminia und meinen Idealen erzählt. Was sie wohl jetzt von mir hält.»Das ist ja schon ein bisschen wie eine Religion für dich, oder?«, fragt sie. Mit einem Satz kann ich ihr das nicht erklären. Sie könnte genauso gut fragen, ob ich an Arminia glaube. Ja, es kommt oft die Formulierung vor, Fans glauben an ihre Mannschaft. »Ist das bei dir nicht so?«, fragt Nina. »Woran glauben Arminia-Fans?«

Die Formulierung, Arminia-Fans glauben an ihre Mannschaft, ist nicht zutreffend. Der Glaube ist der Religion vorbehalten. Ich glaube an Gott und an sonst niemanden. Es gibt auch keinen Fußballgott, der manchmal bei beglückenden oder auch missratenden Gegebenheiten zitiert wird. Es gibt nur einen Gott und der hat mit Fußball nicht viel zu tun. Ich ertappe mich auch nicht dabei, dass ich für die Mannschaft bete. Das wäre vermessen. Hier müssen zwei Dinge voneinander getrennt werden: das Überirdische und das Irdische, unsere Arminia. Was besagt das denn, wenn ein Fan an seine Mannschaft glaubt? Er hofft, er wünscht ihr den Sieg, er unterstützt sie, wo er nur kann – aber mehr auch nicht. Wie soll ich an eine mittelmäßig begabte Fußballtruppe glauben, von der ich weiß, dass sie Schwächen hat und allzu gerne verliert. Ja, an den einzelnen Spieler kann man glauben, daran, dass er sein Potenzial abrufen kann, dass er eigentlich ein ganz Guter ist. Wenn man an ihn glaubt, sollte man ihm eine Chance geben. Nein, wir glauben nicht an unsere Mannschaft, wir wissen, wie viel oder wenig sie kann, halten zu ihr und feuern sie bestmöglich an. Davon, dass wir an sie glauben, hat das Team überhaupt nichts. Im Übrigen geht es jeder Mannschaft so, das die Fans von ihr behaupten, sie würden an sie glauben. Was ist denn das für ein seltener Wettbewerb? Kommen dadurch bessere Leistungen zustande? Ich glaube daran, dass die Mannschaft immer ihr Bestes gibt und uns Fans zufrieden stellen will, aber an mehr nicht. Was nicht heißt, dass ich nicht hoffe. Aber Hoffen und Glauben sind etwas Unterschiedliches.

Unsere Unterhaltung hier in der Kneipe neigt sich dem Ende entgegen. Der Kellner stellt schon die Barstühle auf die Tische. Was muss sie jetzt noch wissen? Was habe ich vergessen zu erzählen? Nina kommt mir zuvor mit ihrer Frage. »Du bist jetzt 52 und hängst immer noch so an dem Verein wie mit 13? Obwohl du jetzt einen Job hasthast?« Ja, sage ich, das ist zutreffend. Es hat sich nichts geändert. Der Verein spielt immer noch eine wichtige Rolle in meinem Leben. »Wird das auch so bleiben?«, fragt das Mädel. »Wie stellst du dir die Zukunft vor?« Ja, eine gute Frage: Wie stellen sich Arminia-Fans die Zukunft vor?

Aktuell sehe ich die nächsten Wochen und Monate eher holprig. Arminia kämpft bis zum Ende der Saison 22/23 ums Überleben in der Zweiten Bundesliga. Das hätte niemand gedacht, als der Verein im Sommer 2022 abgestiegen ist. Als Tabellenletzter in die Katar-Pause zu gehen, was für ein Albtraum. Kam nicht ganz so, aber der Verein stand dennoch schlecht da. Grundsätzlich bin ich positiv gestimmt. Jetzt, nachdem Uwe Koschinat die Mannschaft übernommen hat, sieht es ein bisschen besser aus. Ich schreibe dies beim nächtlichen Rückflug von Texas nach Düsseldorf, und ich hatte es dort wieder einmal schwer, ans Ergebnis des Auswärtsspiels in Kiel zu kommen. Ich musste an diesem Sonntag ohnehin früh aus dem Hotelbett in Abilene, TX, aufstehen. Ortszeit 7 Uhr stand es schon 2:0 für Arminia. Dann versagte das Internet im Handy, und ich düste mit einem ambivalenten, das heißt, nein; recht positiven Gefühl durch Texas. Und dann kam die Erlösung, in Form einer WhattsApp von Freund Mandy: »Glückwunsch der Arminia«. Die letzten beiden Tage in Texas verbrachte ich in regelrechter Glückseligkeit.

Ich will Spaß haben mit Arminia. Nein, das stimmt nicht. Ich will Erfolg. Das sage ich auch immer dem Kartenabreißer am Stadioneingang, der viel Spaß wünscht. »Ich will keinen Spaß, ich will Erfolg.« Aber mit dem Erfolg kommt auch der Spaß. Ob wir jemals international spielen? Ich wünsche es mir ja so. Ich würde den weitesten Weg auf mich nehmen, um Arminia in der Ukraine oder in Skandinavien zu unterstützen. Das verspreche ich hiermit. Auf jeden Fall wird das Zittern weitergehen. Ich kann mir nicht vorstellen, dass es mir mit 70 oder 80 anders ergeht als jetzt. »Sky« läuft, es steht 1:1 oder 1:0 für Arminia, und ich kann vor Aufregung nicht mehr hinsehen, sondern lege mich in der zweiten Halbzeit in den Liegestuhl, draußen auf der Terrasse oder im Wohnzimmer, weit weg vom TV, wo das Spiel läuft. Ab und zu schleiche ich mich ins Zimmer und luge, ob der alte Spielstand noch besteht. Und ich hoffe nur eines: Spiel, geh schnell vorbei! Ich muss die Begegnung, die Tore nicht unbedingt live sehen. Mir genügt das positive Resultat. Und manchmal denke ich: Bin ich eigentlich am Fußball selbst interessiert oder nur daran, dass es Arminia gut geht? Reicht es mir zu wissen, dass der DSC punktet? Einmal, vor vielen Jahren, als ich noch in der

Redaktion in Mettmann gearbeitet hab, durften wir Redakteure vor Weihnachten ein kurzes Wunsch-Gedicht schreiben, das im Lokalteil abgedruckt wurde. Ich schrieb unter dem Kürzel CS: »Fürs Konto von Arminia wünsch ich mir Punkte, möglichst viel, ganz heimlich, plötzlich sind sie da, gewinn' tun die ja eh kein Spiel«.

Manchmal ist es so. Mir würde es reichen, wenn einfach so drei Punkte aufs Konto von Arminia springen würden. Ich weiß nicht, wie es anderen Arminia-Fans geht, aber mir reichen positive Ergebnisse. Ich muss sie nicht als Fußballspiel erleben. Ich bin zufrieden, wenn es dem DSC auf dem Papier gut geht. Ist das der Abschied vom Fußball, dem Sport auf dem Rasen? Nein, der fasziniert mich immer noch, und das wird auch so bleiben. Aber so ganz ohne Qual an Punkte zu kommen, das ist schon eine verlockende Vorstellung: ganz heimlich, plötzlich sind sie da. Und ich bin glücklich!

Es ist spät geworden. Unsere Gläser sind leer. »Schluss jetzt«, sagt der Kellner. Ich übernehme die Rechnung für mich und Nina. »Das war ... interessant«, sagt sie und zieht ihre Jacke an. »Ich hoffe, du denkst jetzt nicht, ich sei allzu verrückt«, entgegne ich. »Trotz dieses Spleens bin ich ein ganz normaler Mann«, versichere ich. »Das ist schön«, sagt sie, während sie durch die Tür in die Nachtschwärze hinaus tritt. »Das ist schön«, wiederholt das Mädel. »Kommst du noch mit zu mir?« Ich überlege nicht lange. Heute ist spielfrei, und ich habe nichts anderes mehr vor. Niemand wartet auf mich »Ja, gerne.«

Ich bin halt ein (fast) ganz normaler Mann.

Danksagungen

Ich bedanke mich erster Linie bei meinem Freund Arnd Westerdorf, der sich viel Mühe gemacht und viel Zeit für das Lektorat investiert hat. Außerdem stand er mir bei mancher Frage mit Rat und Tat zur Seite. Weiterhin gilt mein Dank Sandra Rüttger für die gelungene Covergestaltung. Danke sage ich auch Klaus Dieker aus Moers für die Fotos. Schließlich möchte ich Kumpel Matthes und Fan-Freund Stefan Stricker danken, die ihren Namen für ein ganzes Kapitel hergegeben haben.